"十二五"辽宁省重点图书出版规划项目

国家社会科学基金项目（14BGL190）研究成果

三友会计论丛

SUNYO ACADEMIC SERIES IN ACCOUNTING

第**16**辑

Study on Comprehensive
Budget Management Maturity in
Chinese Enterprises

中国企业全面预算管理成熟度研究

刘凌冰 著

东北财经大学出版社

Dongbei University of Finance & Economics Press

大连

图书在版编目（CIP）数据

中国企业全面预算管理成熟度研究 / 刘凌冰著. —大连：
东北财经大学出版社，2018.5
（三友会计论丛·第16辑）
ISBN 978-7-5654-3147-0

Ⅰ．中…　Ⅱ．刘…　Ⅲ．企业管理-预算管理-研究-中国
Ⅳ．F279.235

中国版本图书馆CIP数据核字（2018）第089231号

东北财经大学出版社出版
（大连市黑石礁尖山街217号　邮政编码　116025）
网　　址：http：//www.dufep.cn
读者信箱：dufep@dufe.edu.cn
大连图腾彩色印刷有限公司印刷　　东北财经大学出版社发行
幅面尺寸：170mm×240mm　字数：162千字　印张：11.25　插页：1
2018年5月第1版　　　　　　　2018年5月第1次印刷
责任编辑：王　莹　高　铭　刘晓彤　　责任校对：贺　欣
封面设计：冀贵收　　　　　　　　　　版式设计：钟福建

定价：42.00元

随着我国以社会主义市场经济体制为取向的会计改革与发展的不断深入，会计基础理论研究的薄弱和滞后已经产生了越来越明显的"瓶颈"效应。这对于广大会计研究人员而言，既是严峻的挑战，又是难得的机遇。说它是"挑战"，主要是强调相关理论研究的紧迫性和艰巨性，因为许多实践问题急需相应的理论指导，而这些实践和理论在我国又都是新生的，没有现成的经验和理论可资借鉴；说它是"机遇"，主要是强调在经济体制转轨的特定时期，往往最有可能出现"百花齐放，百家争鸣"的昌明景象，步入"名家辈出，名作纷呈"的理论研究繁荣期和活跃期。

迎接"挑战"，抓住"机遇"，是每一个中国会计改革与发展的参与者和支持者义不容辞的责任。为此，我们与中国会计学会财务成本分会、东北财经大学会计学院联合创办了一个非营利的学术研究机构——三友会计研究所，力求实现学术团体、教学单位、出版机构三方的优势互补，密切联系老、中、青三代会计工作者，发挥理论界、实务界、教育界的积极性，致力于会计、财务、审计三个领域的科学研究和专业服务，以期为我国的会计改革与发展作出应有的贡献。

三友会计研究所的重大行动之一就是设立了"三友会计著作基金"，用于资助出版"三友会计论丛"。它旨在荟萃名人力作及新人佳作，传播会计、财务、审计研究与实践的最新成果与动态。"三友会计论丛"于1996年推出第一批著作；自1997年起，本论丛定期遴选并分辑推出。

采取这种多方联合、协同运作的方法，如此大规模地遴选、出版会计著作，在国内尚属首次，其艰难程度不言而喻。为此，我们殷切地希望广大会计界同仁给予热情支持和扶助，无论作为作者、读者，还是作为评论者、建议者，您的付出都将激励我们把"三友会计论丛"的出版工作坚持下去，越做越好！

东北财经大学出版社

《中国企业全面预算管理成熟度研究》是在 2017 年 5 月完成的国家社会科学基金项目（项目批准号：14BGL190）"深化国企改革背景下的企业全面预算成熟度测评研究"的基础上，结合最新研究成果和专家的意见修改、充实和完善而成的。企业全面预算管理成熟度研究最早始于 2012 年，在国务院国有资产监督管理委员会研究中心课题"大型国有企业全面预算管理模式创新与管理提升"中提出了"预算管理成熟度模型"的概念，但由于受课题结项时间紧迫且无资金支持的限制，仅初步形成"预算管理成熟度"概念框架，未进行充分的理论分析和论证，未解决模型信度、效度及稳健性的实证检验和模型应用等问题。2014 年，"深化国企改革背景下的企业全面预算成熟度测评研究"课题有幸得到了国家社会科学基金的支持。在"深化国企改革背景下的企业全面预算管理成熟度测评研究"项目获批后，课题组立即认真组织形成了新的研究方案，研究计划顺利开展。经过近 3 年的艰苦努力，最终完成了"企业全面预算管理成熟度测评模型"（我们将其命名为 CBMM 模型）的理论构建和测试，并逐步实现了在全国范围内的推广应用。2016 年 8 月，"企业全面预算管理成熟度测评模型"荣获"全国国有企业财务管理创新成果一等奖"。同时，在开展企业全面预算管理成熟度测评过程中，获得了宝贵的中国本土企业内部预算管理的详细而可靠的经验数据，借助这些经验数据，开展了一系列具有中国特色的企业预算管理理论研究。

全书由六个方面的内容组成：第1章论述了企业预算管理基本理论；第2章阐述了企业全面预算管理成熟度模型的开发过程及内容；第3章论述了中国企业全面预算管理成熟度现状、问题和建议；第4章针对企业全面预算管理成熟度测评中的行为特征开展研究；第5章研究了预算管理成熟度演进和意义建构问题；第6章针对集团公司全面预算管理模式适配模型开展研究。

一、研究特色

（一）研究内容特色

作为人文社会科学领域的本土化研究课题，本书研究取得了较为丰硕的理论成果，具有以下特色：

第一，成果实现了预算管理的定量评价。CBMM模型首次实现了企业全面预算管理的定量评价，突破了以往仅能以定性的方法来评价企业预算管理水平的局限，且评价指标系统全面，具有较强的综合性。CBMM模型的研究，是应企业管理者以及国有资产管理部门对于企业预算管理实施和建设情况进行掌控的需求而开展的原创性的基础应用性研究。CBMM模型的理论基础是内部控制五要素理论。它是借鉴了CMMI模型构造方法和分级评价思想，同时紧密结合中国企业管理实践开发而成的。CBMM模型是内部控制理论的延伸和企业管理控制"四阶段论"理论的深化。

第二，成果具有很强的适用性和操作性。CBMM模型紧密结合中国企业实践，具有很强的适用性和操作性，受到企业欢迎。在模型开发过程中，我们不仅采用了国际普遍使用的建模研究方法，同时为了保证研究数据信度，采取与国内大型专业预算管理咨询公司合作的方式，选取的该公司的客户是国内实施全面预算管理的企业中具有典型性的企业。同时，由于有了客户预算咨询项目咨询师和企业预算部门主管的积极参与和协助，在很大程度上保障了研究数据的可靠性。在CBMM模型开发过程中，先后有40多位国内预算管理领域的资深咨询师、60多家企业预算管理人员和20多位从事预算管理研究的学者参与到模型的开发、测试、评审、征询意见等过程中，具有较强的代表性和可靠性。从参评企业获得的反馈来看，企业对测评结果和提出的优化建议认可度较高，社会反映良好。

第三，成果数据获取成本高且处理难度大，但数据准确且系统。以 CBMM 模型测试并提供专业咨询服务的形式获取全面的企业预算数据，数据获取成本高，但数据信度大大高于以往随机问卷等方式获取的数据，为中国预算管理理论研究缺乏大量可靠经验数据的"困境"提供了解决方案。随着企业样本量的不断增加，理论界可以开展更多的实证研究，突破了管理会计经验研究缺乏大量的和可靠的经验数据的"桎梏"，将为中国特色的管理会计理论研究的快速发展创造有利条件。

（二）研究方法特色

以往企业预算管理研究最大的难点和障碍就是数据难获得且可靠性差。预算管理涉及企业内部信息和商业机密，没有公开的数据库资料，企业一般不愿意对外披露。没有可靠的数据，好的理论问题也难以开展深入科学的研究。本书在模型设计和调查数据获取的设计方案中采取了一些创新手段，不仅提高了模型研究的可靠性，也增强了获得企业信息的信度与效度。

首先，在模型开发阶段，首次将软件成熟度模型 CMMI 模型的构建思想和方法用于企业预算管理成熟度模型（CBMM 模型）的开发上，实现了企业预算管理水平的定量评价。为了提高 CBMM 模型的效度，采用了文献分析法、案例分析法和专家观察法相结合的研究方法进行模型开发。在初步理论模型的构建和修正过程中，我们邀请了北京诺亚舟财务咨询公司（现更名为北京元年科技股份有限公司，是一家专业从事预算咨询和预算系统开发的上市公司）的 10 位有 5 年以上预算咨询经验的咨询师和 10 位大型企业预算部门负责人参与讨论。讨论采取以小型研讨会、电话访谈和企业实地访谈为主的形式，在模型检验过程中，共有 30 位咨询师和 30 位大中型企业预算部门负责人参与，既保证模型设计的理论正确性，也密切联系中国企业预算管理实践，反复论证和推演，切实做到模型设计内容上理论与实际相结合，大大提高了模型的实用性，让理论研究充分"接地气"。

其次，在模型测试阶段，首次采用与咨询公司合作向企业提供预算咨询服务的方法全面采集企业预算管理数据。为了确保信息的可靠性，控制研究环境的差异，课题组采取了以下措施获取样本，并保障调研数据的信度，提高研究的稳健性：与北京元年科技股份有限公司合作，从该公司预算咨询客户数据库中甄选企业客户，这些企业均已实现全面预算管理2年以上。每一家企业的调研工作均由负责该企业预算咨询的项目经理或者核心咨询师担任联络员。课题组首先对这些联络员进行了1次现场培训和3次电话会议培训，然后通过这些联络员向拟被测试企业的预算部门负责人发出全面预算管理成熟度测试邀约，由他们牵头并全程负责问卷填写与回收。为提高被测试企业参与的积极性，我们承诺签署保密协议并且为每一家被测试企业提供免费咨询服务，即由课题组和咨询师共同为企业出具"企业全面预算管理成熟度测评报告"，报告内容包括被测试企业的全面预算管理成熟度等级、总分、在所有参与企业中的排名、预算系统问题诊断和提升建议。由于我们提供免费的咨询报告，因此激发了大多数企业的参与热情，最终有55家企业同意参与测评，并主动在规定时间内提交了调查问卷及资料，问卷回收率100%，填答率100%。经过测试，问卷的信度和效度均较高。

4

再次，在模型应用阶段，采用产学研联合的商业运作与学术数据共享方式推广CBMM模型的应用。在北京元年科技股份有限公司、东北财经大学中国内部控制研究中心和中德管理控制研究中心等机构的大力协助和推荐下，测评范围不断扩大，同时吸纳更多高校、政府研究机构、行业学会、咨询公司等组织中的预算管理专家进入课题组，联合开展企业调研和预算管理成熟度分析，做到每一家参评企业至少有1名课题组成员或高级咨询顾问做企业实地调研，并对企业填写的CBMM测评问卷进行佐证资料检验，在此基础上，结合调查数据分析，至少有1名咨询师和1名学术界专家共同为每一家参评企业撰写"企业全面预算管理成熟度测评报告"，为企业优化全面预算管理体系提供专业性指导。在CBMM模型应用过程中，企业得到专业化指导，营业收益归咨询公司，数据归学术机构，实现了产学研"共赢"。

最后，在相关理论研究中，根据不同理论问题的特点，采用多种方法开展研究。采用CMMI模型构建思路，结合专家访谈法、文献分析法、统计分析等研究方法，开展CBMM模型的构建和检验；采用自然实验方法，观察和探索预算管理成熟度测评过程中参与人的心理行为特征；采用单案例和多案例研究方法，对集团全面预算管理的适配模式、预算管理意义建构等问题进行深入而具体的研究。

二、成果主要建树和创新

（一）理论创新

首先，CBMM模型开发研究属于原创性的基础应用性研究，是基于内部控制五要素理论，紧密结合中国企业管理实践开发的，是企业管理控制理论的深化，突破了原来预算管理仅有定性评价的局限，实现了企业全面预算管理水平的综合性评价和定量评价，为企业管理实践领域提供了新的评价工具。

其次，观察CBMM测评过程中参与人的心理行为，研究发现了企业尤其是国有企业中直接负责预算工作的人员、部门主管更倾向于高估预算管理成熟度，利用过度自信理论，解析了其中的路径机理。

最后，在CBMM模型数据深度分析的基础上，构建和论证了企业预算管理意义建构演进模型、集团公司全面预算管理模式适配模型等新的预算管理理论，拓展了预算管理传统理论内容，进一步丰富和补充了预算管理理论体系。

（二）实践贡献

首先，利用CBMM模型对企业全面预算实施情况进行综合性的量化评价，具有很强的适用性和操作性。CBMM模型可作为企业预算管理和内部控制的"体检仪"和"修复指南"。

其次，通过CBMM测评数据分析，对于中国企业预算管理应用领域的情况作了较为系统的描述，对于普遍存在的问题进行了深入分析，为财政部等有关部门深入研究中国企业管理会计工具应用提供了重要依据，为国有资产管理机构提供了评价与指导国企预算工作的新工具，在深化国企改革、破解国企内部控制"黑箱"、监控国有资本运营中发挥了重要作用。

最后，CBMM模型的广泛应用和案例研究成果，可以为同类企业优化预算管理体系提供有益借鉴。

三、成果应用现状和前景

2017年11月以企业全面预算管理成熟度测评模型(CBMM模型)为理论基础开发了"全面预算管理成熟度测评"软件，

欢迎访问
测评网站

并已部署在专门网站"企业全面预算管理成熟度测评网"（http://cbmm.dufe.edu.cn），实现网络在线自动测评。2015 年 10 月，成果正式申请国家专利（专利号/申请号 201510593999）。截至 2018 年 3 月，已经有全国 114 家大中型企业经过推荐，通过线上和线下等渠道参加 CBMM 测评，课题组联合北京元年科技股份有限公司资深预算管理咨询师为企业提供了预算管理成熟度"企业全面预算管理成熟度测评报告"的咨询服务。CBMM 模型从研发到推广应用以来，参与测评工作的咨询师、理论专家、企业财务主管、企业预算管理部门骨干有近千位，同时，课题组借助行业协会推荐、培训机构培训课、网络讲座推广、学术会议交流等方式扩大了社会影响。企业参与的积极性很高，目前已经参评的 114 家企业主要为国内有代表性的大型企业。此外，企业全面预算管理成熟度测评系统还得到了国有资产监督管理委员会研究中心、中国会计学会、中国总会计师协会、辽宁省会计学会、浙江省国有资产监督管理委员会、西藏自治区国有资产监督管理委员会、大连市财政局等有关部门的好评和推荐，从企业回放和反馈的情况看，企业对 CBMM 模型测评结果及据此提供的咨询建议报告的认可度较高。企业根据 CBMM 测评结果和测量报告的优化建议对企业预算管理系统进行优化后，预算管理系统均有了不同程度的改善，企业普遍感到满意。CBMM 模型有望在未来继续扩大应用范围，社会效益和经济效益十分可观。

四、致谢

本书从设计、执笔到定稿，由东北财经大学中国内部控制研究中心常务副主任刘凌冰副教授完成。本书研究自开展以来，有数十位理论界和实务界的专家参与，其中，北京元年科技股份有限公司董事长兼总裁韩向东先生是最早提出对预算管理实行定量评价动议的，也是开展该项研究的最早倡导者和支持者。他将自己十多年的预算管理咨询宝贵经验毫无保留地奉献出来并融入 CBMM 模型框架构建和指标设计当中，并举荐公司优秀的咨询师，全程参与企业全面预算管理成熟度测评活动，采集企业数据和撰写咨询报告，为企业全面预算管理成熟度测评模型的成功开发做出了极为重要的贡献。此外，在开展企业预算管理基本理论、中国企业全面预算管理现状和问题分析、全面预算管理成熟度测评行为实验研究、预算管理

前　言

成熟度演进意义建构研究和集团公司全面预算管理模式研究的过程中，陈宝宝、孙璐、董韬、邢帅、杨飞和张天昊等亦参与其中，做出了重要贡献。作为课题主持人和本书作者，我要对上述人员在预算管理成熟度相关研究过程中的全身心投入和对我的理解与支持表示诚挚的谢意！

此外，在预算管理成熟度模型开发和应用期间，北京元年科技股份有限公司的数十位咨询师、课题组成员花费了大量的时间和精力，完成了上百份咨询报告，在此对他们的辛勤付出和大力支持表示衷心的感谢！同时，也要感谢全国社会哲学社会科学规划办公室、辽宁省社会科学规划基金办公室、国资委研究中心、中国会计学会、中国总会计师协会、辽宁省会计学会、辽宁省财政厅、浙江省国资委、西藏自治区国资委、大连市财政局和所有参与测评的企业及其预算部门负责人对本书研究提供的资金、人力和资源上的支持与帮助！

东北财经大学会计学院和中国内部控制研究中心的领导对 CBMM 模型开发、网站建设、专利申请等工作极为支持和重视，向我们提供了充分的人力、物力和时间保证。我的导师、同事、朋友、学生和家人对本书的完成亦给予了热情的关注、理解与支持。再次，一并表示深深的感谢！

中国企业预算管理的应用和理论研究任重道远。要赶超国际先进企业的预算管理水平，我国理论界和实务界的专家还有很多事情要做，本书的研究成果仅仅是这条漫漫征途上的一阶"铺路石"。由于本人的能力所限，书中仍存在诸多缺陷与不足，敬请读者批评指正。

刘凌冰

2018 年 3 月于大连

目 录

第 1 章

企业预算管理基本理论

1.1 ——————— 预算管理的定义 ———————

预算（budget）一词起源于法文 bougette，意思是指皮革制成的袋子或公文包。《辞海》对"预算"一词所下的定义为：国家机关、团体和事业单位等对于未来一定时期内的收入和支出的计划，有时也称个人或家庭的收支预计。最初的企业预算就是从政府预算发展而来的，但企业预算与政府预算在理念、方法上有着根本的不同。本书所指的"预算"，如无特别说明，均指企业预算。

企业预算管理的研究和应用最早出现在 20 世纪初的美国，应用于企业广告费用的管理（McKinney，1922；韩倩倩和潘爱玲，2010）。目前我们能够检索到的中国最早的企业预算研究文献发表于 1933 年（宋紫云，1933），是将预算应用在农业经营方面。

随着企业规模扩大和经济活动日趋复杂，预算管理在企业中的地位和作用逐步凸显，预算管理的定义也在不断修正。比如，财政部于 2002 年发布的《关于企业实行财务预算管理的指导意见》中将预算管理定义为"利用预算对企业内部各部门、各单位的各种财务及非财务资源进行分配、考核、控制，以便有效地组织和协调企业的生产经营活动，完成既定的经营目标"。到了2017年，财政部发布《管理会计应用指引第200号——预算管理》时，将预算管理定义为"企业以战略目标为导向，通过对未来一定期间内的经营活动和相应财务结果进行全面预测筹划，科学、合理配置企业各项财务和非财务资源，并对执行过程进行监督和分析，对执行结果进行评价和反馈，指导经营活动的改善和调整，进而推动实现企业战略目标的管理活动"。从定义的内容中可以看出，预算管理的作用和功能日益强大。

1.2　预算管理的功能

对于预算管理的功能，国内外理论界则是众说纷纭。Hope 和 Fraser（1997）将预算的基本功能分为业绩评价、成本控制和预测与资源分配。原安达信公司（Arthur Anderson）的 "全球最佳实务数据库"（Global Best Practice）这样概括预算的功能："预算是一种系统的方法，用来分配企业的财务、实物及人力等资源，以实现企业既定的战略目标。企业可以通过预算来监控战略目标的实施进度，有助于控制开支，并预测企业的现金流量与利润。"从中可以看出，预算有预测、配置资源和控制开支等具体功能。Hansen 和 Van der Stede（2004）认为，应该以实际工作者为主，兼顾学术文献来确定一个预算功能的清单。他们选择了11个 CAM-I 成员和2个学术研究人员，经过多次研究，确定预算的具体功能为以下四项：运营计划、业绩评估、目标沟通和战略形成。蔡剑辉（2009）认为，在传统预算模式下，预算既担负着计划、协调和资源分配等决策职能，又作为业绩评价和薪酬激励的标准，成为控制系统的一部分。贡华章（2009）认为，预算是实现企业战略目标强有力的保证，主要体现为五项具体功能：第一，规划功能。预算反映企业整体的未来状态，并将企业总体的目标具体化。第二，协调功能。预算目标体现了企业的整体利益，是企业成员行动的路线图，它表明了企业内部各部门和各成员怎样工作才能达到企业的总体目标，避免各自为战。第三，控制功能。预算目标具有较强的约束性，是企业内部各个层级的行为准则；同时，分析预算差异有助于明确责任归属，及时采取措施，为下一次制定预算提供参考。第四，业绩考核功能。预算用定性和定量的形式，对企业整体、内部各部门、员工的工作业绩进行考核。第五，效率功能。预算管理为企业内部信息传递和沟通提供了正式、有效的途径和平台，从而极大地调动各层级的积极性和创造性，提高企业经营运作的效率。Horngern et al.（2010）认为，人们期望组织能够通过预算管理获得"计划、控制和协调"三方面的好处。其中，计划指的是"迫使管理者思想超前，事先对变化的情况做出预测和准备"；控制指的是"预算是提供判断以后业绩结果的最好框架"；而协调指的是"通过预算活动实现组织上下及各职能部之间目标和行动的协调"。2010年我国财政部会计司在《企业内部控制应用指引第15号——全面预算》解读中指出预算管理"凭借其计划、协调、控制、激励、评价等综合管理功能，整合和优化配置企业资源，提升企业运行效率，成为促进实现企业发展战略的重要抓手"。佟成生等（2011）认为预算管理的决策性功能包括沟通、协调、计划及资源配置等具体功能；控制性功能包括业绩评价、经营控制和激励等具体功能。崔学刚等（2011）进一步对预算功能彰显及其绩效进行了实证研究，将预算功能划分为业务规划、业绩评价、目标沟通和战略制定。

　　由此可见，国内外学者对预算管理功能的划分不尽相同。因此，本研究欲在现有文献的基础上，重新划分和界定预算管理功能。通过先"拆"后"合"的方法，首先将前人对预算管理功能的划分"拆分"成具体项，然后将其汇总在表1-1中，可以发现以前的研究对预算管理功能的划分有：计划（规划）、预测、战略、控制、资源配置、评价、考核、激励、沟通、协调等。然后，逐个分析这些具体功能并进行"同类合并"，即将具有共性特点的功能归为一类，不具有共性特点的功能则单独成类。

表 1-1　　　　　　　　　　　**预算管理的具体功能**

年份	作者	预算管理的具体功能
1997	Hope and Fraser	业绩评价、成本控制和预测、资源分配
1999	原安达信公司	预测、配置资源、控制开支
2004	Hansen and Van der Stede	运营计划、业绩评估、目标沟通、战略形成

3

年份	作者	预算管理的具体功能
2009	蔡剑辉	计划、协调、资源分配、业绩评价、薪酬激励
2009	贡华章	规划、协调、控制、业绩考核、效率
2010	Horngern et al.	计划、控制、协调
2010	财政部会计司	计划、协调、控制、激励、评价
2011	佟成生等	沟通、协调、计划、资源配置、经营控制、业绩评价、激励
2011	崔学刚等	业务规划、业绩评价、目标沟通、战略制定

"计划"是企业对未来经营活动进行的预计和筹划，以及为实现经营目标所采取的行动方案和相应措施；"规划"是一种比较全面长远的发展计划，具有长远性、全局性和战略性；"战略"是一种从全局考虑谋划实现全局目标的规划；而"预测"是以过去为基础，依据现有的已知条件对某一事物的发展方向和发展动态事先进行科学的推测和估计（赵丽芬，2001），它是制订计划所必不可少的前提步骤。由此看来，"预测""规划""战略"的实质都是一种"计划"。因此，将表1-1中所列示的"预测""计划""规划""战略"功能统称为"计划"功能。

"预算评价"是指采用科学的方法对预算管理及运行情况进行的定性和定量分析与评估，而"考核"和"激励"往往是"预算评价"的具体行为表现（王永进，2011），因此，"考核"和"激励"的实质还是一种"预算评价"。企业实践中，有些企业进行预算评价是为了随时掌控预算执行偏差信息、预算完成情况等，实际上发挥了"控制"的功能；而对有些企业来说，预算评价是为了分别企业不同业务、各个部门或价值量环节的贡献和资源投入，实际上发挥着"资源配置"的功能。由此看来，"预算评价"既可以发挥"控制"功能，又可以发挥"资源配置"功能。因此，"预算评价"只是实现"控制"与"资源配置"功能的工具，而它本身并非一种预算管理功能。

最后，在前文列示的预算管理功能里，排除已重新划分整合过的，就剩下了"沟通"和"协调"功能，而"沟通"和"协调"各为一家，应单独成类。因此，我们认为预算管理有"计划""控制""资源配置""沟通""协调"五大功能。

我国著名会计学家吴水澎教授（1987）认为，研究会计的职能，就是要根据会计的本质和对象来确定会计这一实践活动在社会分工中最基本的责任和应起的作用。可以说，预算管理具有的功能就是预算的本质和对象的反映，而预算最根本的功能是由其本质所决定的。那么，预算的本质究竟是什么？Fremgen（1972）认为预算可以表述为一种以财务条件来表达的广泛而协调的计划。Welsh（1976）将预算定义为涵盖未来一定期间内所有营运活动过程的计划。Weber和Linder（2005）认为预算是企业在某一特定期间的正式财务计划。王斌（2006）认为预算是行动计划的财务数量表达。由此可见，预算最终体现出的是一种计划，也可以说，预算在本质上就是一种计划工具（蔡剑辉，2009；汤谷良等，2000）。参照上述提到的几种预算的定义发现，预算在很大程度上被认为是企业未来一定期间内经营目标和行动方案的定量说明，因此，可以把"预算"理解为"计划"的定量化。Chandler Jr（1977）认为，预算工具得以在企业推广运用的初衷是发展一套能够根据自己预测得出的需求量来规定和调整其产品流量的方法。纵观预算的发展历程，从19世纪末20世纪初企业预算开始形成至目前，企业运用预算已经有多年的历史。在这个漫长的历程中，预算的功能不断得到丰富和演化，但是不论预算功能经历了怎样的发展和演变过程，预算作为企业规划未来经营的计划工具却始终没有改变。另外，从预算管理的整个流程来看，"预算计划"则处于核心地位，由此可见，"计划"正是预算最本质、最核心和最终的功能。

预算通过规划未来的发展指导现在的实践，发挥着非常重要的作用。管理职能学派是现代管理理论丛林中的一个主流学派，该学派的代表人物孔茨（1998）认为，在管理的各项职能中，"计划"是最基本的一项职能，其他职能都必须反映计划职能的要求。将这一思想引入预算功能的研究中，认为其他功能（如预算控制、资源配置、预算沟通、预算协调）的发挥最终都要与企业将要达到的目标和计划相统一，是实现预算计划功能的途径。而在实务中发现，预算偏差率高、准确性差，往往发挥不了计划的作用，这使人们对预算的去留产生争议。那么，预算究竟能不能发挥计划功能，是不是在预算执行的一些中间环节出现了问题？在对预算实务工作的考察中发现：执行控制不严格，导致预算偏差；资源配置不合理，导致资源浪费或冗余，最后达不到实际效果；沟通不及时、差异反馈不及时、调整不及时等导致结果离计划太远；各部门的配合和产供销缺乏协作。可能正是由于这些原因导致预算的偏差率高，计划功能难以发挥。所以，从这个角度上，认为有必要把前人对预算功能划分的并列关系进一步划分为层次关系，认为它们有先有后、有因有果。因此，将预算控制、资源分配、预算沟通、预算协调功能作为预算管理的辅助功能，将计划功能（预算效果）作为最本质、最核心和最终的功能。它们之间的逻辑关系框架如图1-1所示。

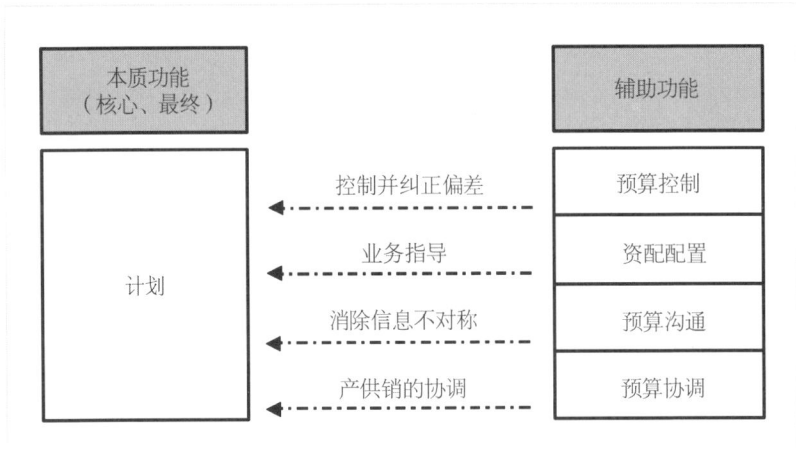

图1-1　预算管理五大功能之间的关系

（1）预算控制对计划功能的影响

控制是管理过程中不可或缺的一个部分（刘学等，2006），"好"的控制可使一个获得相关信息的员工能够理性地预期，不会出现极其不合意的结果（Merchant，1985）。周三多（1997）认为，控制能够保证各项活动达到预期效果。邹东涛（2003）认为，控制就是监督各项活动并纠正各种重要偏差的过程，以保证工作按计划进行。"控制"的原则是反映计划的要求，计划的实施需要控制活动给予保证。引申到预算管理过程中，如果加强预算控制，就能较好地控制并纠正预算偏差，确保各种活动按照计划进行，有利于计划功能的发挥，使预算管理达到预期的效果。预算控制作为国内外许多企业管理控制的主要模式之一（张先治和翟月雷，2010），在企业的管理控制活动中得到广泛的应用。20 世纪 60 年代，哈佛大学安东尼教授指出，管理控制是管理者确保资源的获得与使用有效果和有效率，以实现组织目标的过程。预算控制能够提升资源使用效率，加快计划的完成，以达到组织目标。预算控制是预算流程的重要环节（刘凌冰和韩向东，2015）。大量实践证明，预算流程完备性和功能有效性是企业全面预算管理系统运行效率和效果的直接影响因素（王斌，1999；于增彪和梁文涛，2002；王斌和潘爱香，2009；崔学刚等，2011）。这意味着，预算控制对整个预算管理系统运行的效率和效果发挥了重要作用，进而提升整个预算管理工作的效率和效果，最终帮助企业实现计划目标。

（2）资源配置对计划功能的影响

潘秀丽（2005）认为，预算管理体系首先是一个资源配置体系，预算本身的含义是对未来进行规划。而这种规划表现为对企业可利用资源的分配。这是因为，无论采取何种方式来规划企业的未来，最终都可以归结为企业未来预期目标的设立和实现，而各种表现形式的目标实现都以资源的投入为前提。正所谓"巧妇难为无米之炊"，资源的投入是企业运转的前提，企业需要以有限的资源投入取得最大化的收益回报。因此，有效的资源配置是成功规划企业未来的第一步。余绪缨（2004）认为，资源配置的实质是一种决策。而决策是指为实现某一目标，从若干可以相互替代的可行方案中选择一个合理方案并采取行动的分析判断过程，是计划工作的一般程序之一（邹东涛，2003）。因此，可以认为资源配置有利于企业制订更加科学、合理的计划，促使计划功能发挥。章显中（2002）认为，有效的资源配置会提升资源投入的效率，而有限资源的约束决定了预算必须以最佳配置才能平衡目标的约束。综上所述，有效地配置资源有利于企业规划未来，提高经营决策的科学性和合理性，对预算执行的现实指导意义更强，对计划的制定和完成具有保驾护航的作用。

（3）预算沟通对计划功能的影响

传统预算管理功能的有效性越来越受到人们的质疑，企业各部门间及时、有效的沟通显得越来越重要（潘秀丽，2005）。预算管理是内部控制

7

的重要工具，建立良好的内部控制系统需要加强沟通（阎达五和杨有红，2001；刘永泽和张亮，2012）。实践中，预算在信息沟通尤其是在职员之间的信息交流上扮演着重要角色（Young and Shields，1993），信息沟通在预算过程中的作用也不容忽略。如果企业有良好的信息沟通，员工就更有可能得到有效的信息反馈，这将使预算目标的完成变得更加有效率（Libby，1999）。潘秀丽（2005）认为，预算管理体系是一个信息沟通系统。无论是预算的形成还是预算的实施，都需要企业各个部门来完成，因此预算管理体系应当保证部门间信息沟通的有效性。如可靠的信息预测、真实的预算执行状况、企业内外环境因素的变化等都需要以快捷而不失真的方式在企业各部门之间传递。在企业预算初期，上下级之间可能会出现博弈的情况，此时加强信息沟通会使得上下级之间的目标一致，促使预算管理取得好的效果（程新生等，2008）。刘凌冰等（2016）认为，预算管理是一种委托代理关系，博弈的双方——企业管理层与预算管理部门、预算管理部门与业务部门，均可能存在信息不对称，而降低委托代理中的信息不对称将表现为预算效果的提升，因此若要消除信息不对称以促进计划目标的合理制定和实现，则必须进行充分而有效的信息沟通（黄炳坤，2002；吴梅兰，2006）。

（4）预算协调对计划功能的影响

佟成生等（2011）认为，协调是指将资源按照规则和配比安排的一种活动，也是专业化分工条件下各自的工作行为成果有序统一的活动。冯雪莲和汤小青（2006）认为，生产的专业化及劳动分工产生了确保企业内各部门间恰当合作以及协调雇员之间工作任务的需要。没有协调就不会有合力，由分工产生的不确定性就无法消除（芮明杰，1999）。王辉等（2003）认为，构成综合预算或总预算的各分项预算必须相互配合协调，只有这样，才可能实现总的预算目标和计划。例如，要顺利达到生产的目标，原材料的采购预算必须满足生产预算的要求。同样，生产预算必须与销售预算的要求相衔接，才能满足客户的需求。因此，这种"产供销协调"会促使企业各个部门及其人员配合起来，共同完成预算计划。

1.3　　　　　　　预算管理效果的影响因素

关于预算影响因素的研究非常丰富，李志斌（2006）将预算管理影响因素按组织环境、技术方法、心理行为进行分类。

（1）组织环境因素对预算管理效果的影响

早期一些学者以权变理论为基础，认为组织发挥预算功能的不同是由于不同的组织单位受到不同的权变因素的影响（Argyris，1952；Hofstede，1968；Hopwood，1972；Bruns and Waterhouse，1975）。Kung 等（2013）也认为组织环境会间接地影响预算功能。Hansen 和 Van der Stede（2004）对 57 位部门经理调查后发现，不同的组织环境因素（如组织战略、组织结构）影响预算功能发挥（如计划、评价、沟通和战略落实等功能），不同的功能又与不同的预算系统特征相关。Johansson 和 Siverbo（2014）研究发现，预算波动大的环境会促使组织预算控制更加严格，进而降低预算偏差，较好地实现预算计划功能。Sharma（2002）研究发现感知环境的不确定性（PEU）、组织规模和组织结构等环境变量对预算系统特征（budget system characteristics）均具有显著影响。冯巧根（2014）也证实了在中国组织中环境不确定性对管理会计控制系统同样具有重要影响。Uyar 和 Kuzey（2016）发现组织环境（如组织结构、环境不确定性、IT 功能）通过预算使用范围这一中介变量影响绩效。Altenburger（2017）利用实验方法发现社会制度规范对部门经理在提供预算报告时的诚信度具有显著影响，邓德强等（2014）的实验也证实了预算参与者的道德认知对其预算目标松弛度的影响。孙健等（2017）通过对 266 份调查问卷进行实证分析发现，组织信息系统整合能够显著地影响预算程序公平，进而会影响包括成本控制等在内的财务与非财务绩效。

此外，尽管并未进行实证检验，佟成生等（2011）梳理了组织内部和外部环境的要素，分析了外部环境中的不确定性、竞争性、组织生命周期和内部环境中的组织结构、公司战略、产品标准化等六个因素对预算功能的影响，为未来研究提供了思路。

（2）技术方法因素对预算管理效果的影响

在技术方法的理论文献中，除了诸多对实施预算管理方法论的理论研究，也存在很多预算管理优秀案例的经验总结，可以说在该层面的理论基础是最为丰富与深厚的，已经形成了系统的方法与流程来对预算管理实践进行指导。尤其在企业的预算管理手册及预算管理系统中，涉及该方面的内容最多，从预算组织和人员、预算编制到预算执行与控制、预算考评，形成了涵盖制度、流程、方法、评价在内的有机管理系统。同时，该层面的因素也是预算管理应用效果好坏的最直接反映，在企业全面预算管理成熟度测评中涉及技术方法的评价项目数量也最多。大多数理论观点均认为技术方法能够直接影响预算管理效果（刘凌冰和韩向东，2015；毛洪涛等，2013；Shields and Shield，1998）。虽然学者们也承认技术方法因素容易受到很多其他因素的影响，可以通过很多途径来改进技术方法，但难以改变其与预算管理效果之间的紧密关系。该层面的因素也由于便于观察和评价，逐渐被作为评价预算管理效果的重要依据。

（3）心理行为因素对预算管理效果的影响

在心理行为的理论文献中，主流观点认为态度及参与行为对预算管理效果具有重要影响（Emine and Gokhan，2016；王斌和潘爱香，2009；郑石桥等，2008；Brownell and McInnes，1986），虽然大多对预算管理效果具有间接影响，但该层面的因素是技术方法是否能够真正起到作用的关键。而企业在实际应用预算管理时，很少去关注预算参与对预算管理效果的影响，企业家往往更喜欢关注能够直接反映成数字的因素，如技术方法层面的因素。由于心理行为层面的具体因素在实际中难以观察与评价，与预算管理的关系也不甚明晰，很难像技术方法层面的因素一样进行固化和系统化，相关研究很难开展。

不同因素对预算管理效果影响的研究成果见表1-2。

表1-2　　　　　　　　　　　　　　预算管理效果的影响因素

分类	二级分类	具体因素	文献来源
组织环境	外部环境	1.行业竞争性	佟成生等(2011);Sharma(2002)
		2.环境稳定性	佟成生等(2011);Sharma(2002);Johansson and Siverbo(2014);冯巧根(2014);Uyar and Kuzey(2016)
	内部环境	3.组织结构	佟成生等(2011);Hansen and Van der Stede(2004);Sharma(2002);Uyar and Kuzey(2016)
		4.组织战略	Kung等(2013);佟成生等(2011);Hansen and Van der Stede(2004)
		5.制度化	刘凌冰等(2016);Altenburger(2017)
		6.IT功能	Uyar and Kuzey(2016)
		7.组织规模	刘凌冰等(2016);Sharma(2002)
		8.企业文化/道德认知	邓德强等(2014);Asogwa and Osim(2017);颉茂华和乌吉斯古楞(2016);刘凌冰等(2015、2016);Patricia and Benson(2005);Altenburger(2017)
技术方法	预算编制	9.预算编制流程	刘凌冰和韩向东(2015);王斌和潘爱香(2009);张瑞君等(2007)
		10.预算目标紧度	Epstein and Manzoni(2002);Shields and Shield(1998);Hopwood(1972)
		11.应用滚动预算	刘凌冰和韩向东(2015);郑石桥等(2008)
		12.预算模型科学规范	刘凌冰和韩向东(2015);王修平(2014);张瑞君等(2007);潘飞和郭秀娟(2004);Shields and Shield(1998)
	预算控制	13.预算调整流程	毛洪涛等(2013)
		14.预算控制流程	刘凌冰和韩向东(2015);程新生等(2008)
		15.预算差异分析	刘凌冰和韩向东(2015)
		16.预算过程监控	刘凌冰和韩向东(2015);程新生等(2008);Kenis(1979)
	预算考评	17.绩效考评流程	刘凌冰和韩向东(2015)
		18.预算强调程度	刘凌冰等(2016);郑石桥等(2008);Van der Stede(2000、2001)
		19.预算激励程度	刘凌冰和韩向东(2015);吴粒等(2011);Kenis(1979)
	预算沟通	20.信息化建设	于增彪和桑向阳(2014);蒋东升(2006)
		21.预算会议制度化	刘凌冰等(2016);郑石桥等(2008)
		22.预算信息流向特征	刘凌冰等(2015);王海妹和张相洲(2009);王斌和潘爱香(2009);Frederick等(2008)

分类	二级分类	具体因素	文献来源
心理行为	个人特质	23.专业能力	刘凌冰等（2016）
		24.道德素养	Frederick 等（2008）
		25.管理者的领导风格	Ernawaty 等（2016）；Emine and Gokhan（2016）
	态度	26.管理者的背景与态度	刘凌冰和韩向东（2015）；吴粒等（2011）；Mia（1988）
		27.预算人员态度	Brownell and McInnes（1986）；Hofstede（1968）
		28.非预算人员态度	Brownell and McInnes（1986）；Hofstede（1968）
	参与行为	29.信息传递行为	Emine and Gokhan（2016）；Josua and Devie（2015）；王斌和潘爱香（2009）；程新生等（2008）；Shields and Shield（1998）；Libby（1999）
		30.参与程度	刘凌冰等（2015）；王海妹和张相洲（2009）；Campbell and Gingrich（1986）

第 2 章

企业全面预算管理成熟度模型

2.1 ——— 开发全面预算管理成熟度模型的意义 ———

　　预算管理是利用预算对企业内各部门、各单位的各种财务及非财务资源进行分配、考核、控制等的系统性活动。企业通过建立预算管理系统，能够加大管理控制强度和提高决策效率，实现企业战略的真正"落地"。近年来，以央企为代表的中国本土企业预算管理实践活动成为各方关注的热点。2011 年 11 月和 2012 年 3 月国务院国资委先后下发《关于进一步深化中央企业全面预算管理工作的通知》和《关于中央企业开展管理提升活动的指导意见》，要求央企加紧推进全面预算实施进程，提升企业整体管理水平。自 2014 年以来，财政部先后发布了《关于全面推进管理会计体系建设的指导意见》（2014）、《管理会计基本指引》（2016）和 22 项《管理会计应用指引》（2017），旨在引导企业提升包括预算管理在内的管理会计工具应用水平，推动中国企业不断增强竞争力。

　　潘飞（2010）研究发现，强调严格的预算目标不能激励国企经理人，却使其盈余管理动机更为强烈。可见，国有企业全面预算的实施必须有扎实的建设过程和健全的构成要素，仅强调形式上"全而快"，将与其原旨

"背道而驰"。但是，如何检测国有企业全面预算的"健康"情况，了解企业全面预算管理水平，是国资管理部门面临的新难题。要解决这个难题，现有的相关理论无法提供有效的支持。预算管理属于管理会计理论体系范畴，中国企业的预算管理实践是带着明显的本土化特征在发展演进的。目前我国的预算管理和管理会计理论研究及实践远远满足不了企业管理的现实需求，而且西方现有的相关理论和经验也难以直接应用在中国企业的管理中。有统计显示，国内管理会计领域主要学术期刊发表的文章中有80%的文章没有或未被发现有理论依据（杜荣瑞等，2009）。开展全面预算管理成熟度模型研究的目的就是借助中国本土企业丰富实践，立足中国国情，基于企业内部控制系统基本原理，探索开发一套保证预算管理实施效果、提高预算工作效率、改进预算流程的全面预算管理模式与标准规范。全面预算管理成熟度模型的开发对突破以往对于企业预算管理水平仅有主观评价、缺乏客观测量的局限，实现对企业全面预算管理成熟度的定量评价具有重要的理论和实践意义。

14

在理论上，CBMM模型开发研究属于原创性的基础应用性研究，是基于内部控制五要素理论，紧密结合中国企业管理实践开发的，是企业管理控制理论的深化，突破了原来预算管理仅有定性评价的局限，实现了企业全面预算管理水平的综合性评价和定量评价，为企业管理实践领域提供了新的评价工具。

在实践上，首先，利用CBMM模型对企业全面预算实施情况进行综合性的量化评价，具有很强的适用性和操作性。CBMM模型可作为企业预算管理和内部控制的"体检仪"和"修复指南"。其次，通过CBMM测评数据分析，对于中国企业预算管理应用领域的情况作了较为系统的描述，对于普遍存在的问题进行了深入分析，为财政部等有关部门深入研究中国企业管理会计工具应用提供了重要依据，为国资管理部门提供了评价与指导国企预算工作的新工具，在深化国企改革、破解国企内部控制"黑箱"、监控国有资本运营中发挥了重要作用。最后，CBMM模型的广泛应用和案例研究成果，可以为同类企业优化预算管理体系提供有益借鉴。

2.2 理论分析

2.2.1 预算管理与内部控制的关系

加拿大的一项调查显示，目前预算管理仍是企业内部控制系统的核心，在企业控制和决策中发挥着重要作用（Libby 和 Lindsay，2010）。尽管如此，从企业预算管理诞生之日起，它的负面效应就始终存在，如形成预算松弛、抑制员工的主动性、增加管理成本等。甚至有学者提出应弃用预算这种管理形式（Hope 和 Fraser，2003；吴文婕等，2007）。企业预算管理在应用中的弊端难以克服，主要原因是预算管理是一个包含多种要素的有机动态整体系统，预算管理的实施效果取决于多种因素，既有技术方法和组织环境层面的因素，也有心理行为层面的因素（李志斌，2006）。简单地考虑和控制某几种因素，很难保证其有效运行。

COSO 委员会在《内部控制——整体框架》（COSO，1994）中对内部控制的描述是："内部控制是由企业董事会、经理层和员工实施的，为营运的效率效果、财务报告的可靠性、相关法令的遵循性等目标的达成提供合理保证的过程。"内部控制构成的五大要素包括控制环境、风险评估、控制活动、信息和沟通以及监督。可见，内部控制并不仅仅满足于查弊纠错和保护资产安全，其目标已延伸到提高效率和效益、保证管理政策和目标实现的层次上。因此，预算控制已成为内部控制的重要方式。

正像迈克尔（1999）所认为的"预算是保证内部控制结构运行质量的手段"，预算管理是将企业的目标及其资源配置方式以预算的方式加以量化以使其得到实现的企业内部控制活动或过程的总称。预算管理强调全部门参与，能够降低各层级间的信息不对称，从而实现有效的内部控制（隋玉明，2013）。这也是为什么现阶段预算成为企业特别是大中型企业内部控制系统的主要形式和手段的原因（Libby 和 Lindsay，2010）。

根据企业管理控制系统"四阶段论"，企业所处的环境不同，其适宜的控制系统也不同，可以依次分为制度控制阶段、预算控制阶段、评价控制阶段和激励控制阶段。可见，在目前的环境下，很多企业处在以预算控制为主的内部控制系统阶段。可以说，这个阶段，预算管理和内部控制是融为一体的（Kung等，2013）。

2.2.2 基于内部控制的预算管理系统要素

我们将内部控制系统的五个构成要素按照预算管理的运行特征进行推演，分别形成了预算管理系统相应的五个具体要素，包括预算环境与人员、评估与预算模型、流程与控制活动、信息平台与沟通、监督与考核（如图2-1所示）。在此基础上，结合前期研究成果，探索基于该五要素的关键影响因素（见表2-1），将这些关键影响因素作为企业全面预算管理成熟度测量的具体对象，在此基础上分析和制定具体标准，实现对企业全面预算管理成熟度的评估。

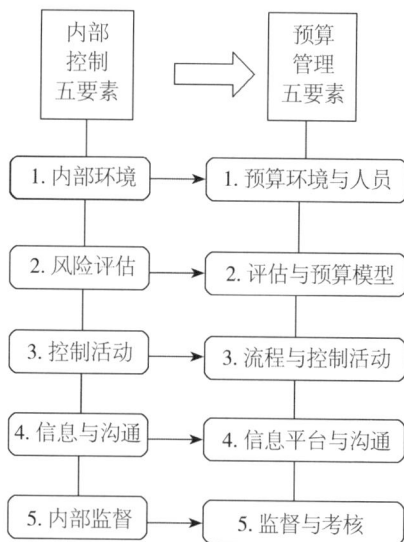

图2-1 预算管理五要素的形成

表2-1 预算管理成熟度的关键影响因素分析

	关键影响因素	理论假设和基本观点描述
预算环境与人员		企业管理环境越好,预算管理的成熟度越高
1	预算定位	企业战略及其与预算关系越明确,预算管理的成熟度越高

	关键影响因素	理论假设和基本观点描述
2	预算前提	企业责任中心和制度规范越明确且具体,预算管理的成熟度越高
3	预算组织	企业预算组织结构越完善,预算管理的成熟度越高
4	预算人员	预算管理人员专业能力越强,预算管理的成熟度越高
评估与预算模型		企业预算技术方法越完善,预算管理的成熟度越高
1	预算假设和政策	预算假设和政策越合理,预算管理的成熟度越高
2	目标制定模型	企业预算目标越准确,预算管理的成熟度越高
3	年度预算模型	年度预算模型越符合企业业务特征,预算管理的成熟度越高
4	情景模拟模型	预测能力越强,预算管理的成熟度越高
5	长期预算模型	长期预算模型与战略结合越紧密,预算管理的成熟度越高
6	整体业务分析模型	采用整体业务分析模型的企业,预算管理的成熟度更高
7	滚动预测模型	运用滚动预算方法编制和调整预算的企业,预算管理的成熟度更高
8	预算分析模型	预算分析体系越合理,预算管理的成熟度越高
流程与控制活动		预算流程及执行过程越完善,预算管理的成熟度越高
1	预算目标	预算目标越清晰且分解越有效,预算管理的成熟度越高
2	预算编制	预算编制流程越完整且科学,预算管理的成熟度越高
3	预算控制	预算控制执行越到位,预算管理的成熟度越高
4	改进措施	对预算执行差异采取改进的企业,预算管理的成熟度更高
5	滚动调整	滚动预测能对业务提供指导的企业,预算管理的成熟度更高
6	预算考核	预算考核与激励执行力越强,预算管理的成熟度越高
7	预算制度	预算制度越健全,预算管理的成熟度越高
信息平台与沟通		预算信息平台和沟通越发达,预算管理的成熟度越高
1	信息沟通	信息沟通越畅通越频繁,预算管理的成熟度越高
2	预算管理工具	预算管理采用的工具专业化和自动化程度越高,预算管理的成熟度越高
3	预算系统集成	预算工具与企业 IT 平台的集成程度越高,预算管理的成熟度越高
监督与考核		预算监控与评估措施越完善,预算管理的成熟度越高
1	效率评估	预算工作效率越高,预算管理的成熟度越高
2	偏差率监控	预算偏差率越低,预算管理的成熟度越高
3	模型适用性评估	预算模型适用性越高,预算管理的成熟度越高
4	预算参与和文化建设	预算参与程度越深和预算文化氛围越浓厚,预算管理的成熟度越高

17

第一，预算环境与人员是指预算实施和运行的企业组织环境及人员的状况，应包括管理层对预算的关注程度及预算在企业管理中的地位、企业管理的基础和水平、预算管理的组织结构及执行力、预算管理部门人员的胜任能力等（Brownell，1986；Frow，2005；Venkatesh 和 Blaskovich，2012；Kung等，2013）。预算环境会影响企业员工的预算管理意识，是其他部分的基础。由此，预算是否有准确的定位、是否将责任中心划分作为预算前提、预算组织和人员状况如何，均是企业内部环境范畴内影响预算管理水平的重要因素。

第二，评估与预算模型是指确认和分析预算管理的对象及其标准，是形成预算指标的依据。预算管理的对象会随着外部和内部条件的变化而不断变化，需建立一套机制来识别和确立相应的标准，包括预算的基本假设和政策、各类预算模型等（潘飞和郭秀娟，2004；殷建红和孙玥璠，2007；王修平，2014）。预算假设和预算模型是制定预算的理论依据，是决定预算指标是否科学合理的关键（Marginson 和 Ogden，2005）。由此，设置合理的预算假设和政策，并根据企业的业务特征创建包括目标制定模型、年度预算模型、情景模拟模型、长期预算模型、整体业务分析模型、滚动预测模型以及预算分析模型在内的科学预算模型体系是获得合理预算标准的决定因素。

第三，流程与控制活动是指执行预算管理的政策和程序，它贯穿整个预算组织、各种预算层次和功能，包括预算目标制定、预算编制、预算控制、滚动调整、预算考核等。大量的实践证明，预算流程完备性和功能有效性是企业全面预算管理系统运行效率和效果的直接影响因素（王斌，1999；于增彪和梁文涛，2002；王斌和潘爱香，2009；崔学刚等，2011）。由此，只有按照预算目标制定、预算编制、预算控制、改进措施、滚动调整、预算考核的闭环管理流程，同时辅以健全的文档化的预算制度加以规范，才能有效地实施预算管理，发挥预算管理的作用。

第四，信息平台与沟通是指在预算实施和执行过程中，收集、存储、加工和反馈预算管理信息的设备和方式，处理预算标准数据和实际运营数据，也包括对二者分析的数据。信息的顺畅沟通可以帮助组织人员理解自己在预算管理系统中所处的位置以及相互的关系（程新生等，2008），预算管理信息的及时反馈使得预算对经营活动的控制功能得以实现（殷建红和孙玥璠，2007）。预算信息平台的建设水平对预算报告的质量具有重要影响。高质量的预算报告能够为企业的管理决策提供科学依据（张瑞君等，2007；刘凌冰等，2014）。由此，只有具备充分的信息沟通、专业的工具和集成的信息平台，才能提升预算管理的水平。

第五，监督与考核是指监控在预算执行过程中的偏差并评估预算管理的工作效率，及时调整预算管理实施中的不合理之处。预算实施和执行的效果取决于监督与考核的有效性，过程化的监督、科学化的评价和适时的调整可以调动企业员工参与预算的积极性，提高预算管理文化的广度和深度，对预算管理效果具有重要的影响（王斌和潘爱香，2009）。由此，对预算工作效率、预算偏差率、预算模型适应性和预算文化进行实时监督和评估，是保障预算管理有效性的必要措施。

预算管理五要素及其关键影响因素相互作用、相辅相成、缺一不可。对于五要素的评估，就是对预算管理水平的综合评价，五要素的完善程度也反映了企业全面预算管理成熟度。全面预算管理成熟度是指实施全面预算管理的企业，其预算管理系统构成的完善程度、运行的有效程度以及预算管理功能的发挥程度。一个完全成熟的企业全面预算管理系统的主要特征是：预算系统能够为企业的战略落地、管理决策、管理控制和资源分配提供主要的信息支持，并且预算与整个组织文化和员工行为高度融合。

为了评价企业预算管理水平的高低，根据前述的理论分析，可以通过对全面预算管理系统各要素的考查来衡量企业全面预算管理成熟度，即构建企业全面预算管理成熟度模型（CBMM）。

2.3　开发设计

2.3.1　研究方法

为了提高 CBMM 模型的效度，本书参考国际同类成熟度模型的构建过程（Van Loon，2011），采用了文献分析法、案例分析法和专家观察法相结合的研究方法。在初步理论模型的构建和修正过程中，我们邀请了北京诺亚舟财务咨询公司（现更名为北京元年科技股份有限公司）的10位有5年以上预算咨询经验的咨询师和10位大型企业预算部门负责人参与讨论。讨论以小型研讨会和电话访谈的形式为主，实地访谈为辅。在模型检验过程中，共有30位咨询师和30位大中型企业预算部门负责人参与。模型构建及检验分为四个阶段：

第一阶段为基本理论框架的构建。通过对国内外相关文献的分析，归纳预算管理成熟度的关键影响因素（见表2-1）；根据对内部控制系统和预算管理系统机理的理论分析，构建CBMM模型基本理论框架，该框架包括预算管理五要素和26个影响预算管理成熟度的控制域。

第二阶段为CBMM模型具体变量的构建。通过召开预算咨询师研讨会，搜集、归纳和分析CBMM模型各个要素中各控制域下的具体目标，以及完成目标需要实现的实践活动。

第三阶段为CBMM模型的修正。通过实地访谈和电话访谈，征询企业预算部门负责人、预算咨询师、预算管理领域学者等的意见，对模型的内容、结构及表述进行修正，去掉语义不明的变量，合并同义变量，形成修正后的CBMM模型。

第四阶段为CBMM模型的检验。通过企业预算管理的实际数据，对模型进行检验。

2.3.2 样本来源

预算管理研究属于企业内部管理问题，难以获取公开的数据。因此，本研究采用调查问卷的形式收集数据，从而得以突破这一限制。调查问卷是西方管理会计研究的主流方法之一，其优点在于通过精心设计题项，以实现对许多数据库难以反映的抽象概念进行计量，使得实证研究成为可能（潘飞，2010）。由于预算管理的调查涉及企业内部机密信息，样本数量无法达到较大规模，因此我们无法实现概率抽样条件下样本的强代表性（Diamond等，2000）。为了确保信息的可靠性，控制研究环境的差异，我们采取了以下措施获取样本，并保障调研数据的信度，提高研究的稳健性：我们与北京元年科技股份有限公司合作，从该公司预算咨询客户数据库中甄选出87家企业，这些企业均已实现全面预算管理2年以上。每一家企业的调研工作均由负责该企业预算咨询的项目经理或者核心咨询师担任联络员。通过这些联络员向拟被测试企业的预算部门负责人发出全面预算管理成熟度测试邀约。为提高被测试企业参与的积极性，我们承诺签署保密协议并且为每一家被测试企业提供免费咨询服务，即由课题组和咨询师共同为企业出具"企业全面预算管理成熟度测评报告"，报告内容包括被测试企业的全面预算管理成熟度等级、总分、在所有参与企业中的排名、预算系统问题诊断和提升建议。由于我们提供免费的咨询报告，激发了大多数企业的参与热情，最终有56家企业同意参与此次调研。

我们选取其中的5家做了预测试。预测试显示，量表的设计可以满足我们对数据搜集和模型检测的需要[①]。预测试完成后，2015年1月，我们进行了正式测试，获得模型检验样本共56份，样本的描述性统计见表2-2和表2-3。

表2-2　　　　　　问卷填写人员的人口统计特征（N=56）

变量名	人口统计变量	频数	频率
任职岗位	财务或预算部门主管	41	73.21%
	财务或预算部门业务骨干	10	17.86%
	非财务高管	5	8.93%
在被调查企业从事预算管理及相关工作年限	1~3年	10	17.86%
	3~5年（包括3年）	15	26.78%
	5年及以上	31	55.36%

表2-3　　　　　　　　样本企业的描述性统计特征

变量名	类别	频数	频率
地域	东部地区	39	69.64%
	中西部地区	17	30.36%
所有制	国有企业	24	42.86%
	非国有企业	32	57.14%
行业	制造业	36	64.29%
	非制造业	20	35.71%
规模*	大型企业	43	76.79%
	中型企业	13	23.21%

*企业规模参照国资委颁布的《企业规模划分标准》，以从业人员数、销售额和资产总额为指标，结合行业特点划分。

---

① 根据参加预测试企业提出的反馈意见，我们对部分题项中使用的专业术语进行了标注解释，按照预算实施的时间顺序调整了个别题项的顺序，更有利于题项表述的理解。此外，还增加了部分被测试企业信息，如"企业规模""企业性质"等。经过预测试后，我们并没有对问卷题项（即实践的内容）进行修改。

2.3.3　问卷回收和输入

由于咨询公司无偿提供预算管理优化咨询服务，激发了大多数企业的参与热情，有56家企业同意参与并在规定时间内主动反馈了问卷，我们认为这56个样本的信度较高，因此将其作为模型检验的样本。

客户调研问卷收回后，我们对客户提供的信息中与咨询师填写问卷不一致的情况一一进行确认，最后由联络人与客户讨论确定最终选项。问卷调查从2015年1月中旬开始至2015年4月底结束，历时3个半月。最终，所有调查问卷的信息填写完整无误，反馈率达到100%。Diamond et al.（2000）认为："问卷回复率在75%~90%通常可获得可信的结果。"由此可见，调查数据信度较高。问卷采用手工输入，在进行核对较正后，才进入下一阶段的分析。

2.3.4　未回复偏差测试

22

问卷的未回复对结果适用性影响不仅取决于回复率，还取决于回复者和未回复者之间系统性差异的程度（Moore and Tarnai，2002）。管理会计中最常见的未回复分析是对比早期回复者与随后的回复者。这种方法的主要思想是，后来的回复者相对于较早的回复者更接近于未回复者（Moore and Tarnai，2002）。课题组用两种方式测试未回复偏差。首先，联系了最初拟定的87家客户中12家最终未反馈的企业预算负责人，向他们询问原因，原因主要为预算不成熟、出于信息保密考虑和项目不涉及预算等，但是没有人表示因问卷设计不妥或因对预算的不同看法等原因而拒绝反馈。其次，测试了3天内收到的反馈问卷和3天以上但在规定期限内反馈的问卷，t检验显示相关问题在10%的置信水平下没有显著差异。

2.3.5　信度和效度

信度[①]分析包括内在信度分析和外在信度分析。内在信度分析重在考察测量同一个特征的项目之间是否具有较高的内在一致性。由于企业实践

[①]　信度是指根据测验工具所得到的结果的一致性或稳定性，反映被测特征真实程度的指标（李春霞，2009）。

数据的取得和测量是通过事先设计的模型中对应的"实践"是否实现进行量化的，所以，当模型经过实践的平衡性测试后，"目标"对应的实践已达到最小化，题项中没有对同一内容的多重测试。因此，不需要进行内在信度分析来检验调查问卷的信度。

外在信度分析是考察被评估对象是否存在故意隐瞒，并且评估项目的概念和内容是清晰的、不模糊的、没有二义性的（张虎和田茂峰，2007）。为了保障调研数据如实反映企业状况，我们先对每个企业联络员进行现场和电话会议培训，再请这些熟悉企业预算情况的咨询师填写问卷并发送给课题组存档。等到企业的调查问卷收回后，我们对企业与咨询师提供的不一致的信息进行一一确认，最后由联络员与企业讨论确定最终选项。由此，所有调查问卷的信息填写完整无误，最终问卷反馈率达到100%。Diamond 等（2000）认为："问卷回复率在75%~90%通常可获得可信的结果。"由此可见，调查问卷的反馈数据信度较高。

我们还进行了复本信度测试，即在正式测试中，我们再次对参与预测试的企业进行测试，比较前后两次同一被测试企业问卷信息的差异性。结果显示，两组信息差异度很小，测评结果相关性很高，由此可以看出，问卷具有高信度。

在模型及其测试量表的效度检验中，我们主要对内容效度和建构效度进行了检验。在理论推理的基础上对形成的模型目标进行单个目标的特性测试，以提高模型的内容效度；通过对目标的相应实践进行平衡性测试后，再通过相关关系测试和将 CBMM 模型测试结果与企业成熟度等级选项进行比较等方法，保障模型及其相应测试量表的建构效度。

2.4　模型构建

借鉴美国卡内基梅隆大学研发的软件能力成熟度集成模型（CMMI）构建方法及成熟度分级思想（Alfaraj 和 Qin，2011），CBMM 模型将企业预算管理成熟度划分为五个等级，即初始级（一级）、扩展级（二级）、闭环级（三级）、优秀级（四级）、卓越级（五级）。各成熟度等级之间是时序递进关系，例如，企业预算管理成熟度达到一级后，才能达到二级。不同的成熟度水平上，企业预算在管理功能的实现、预算环节的设立、预算单元的细化程度以及企业预算文化的形成上是不同的（详见表2-4）。

表2-4　　　　　　　　　CBMM模型中五个成熟度等级的比较

等级	等级描述	预算功能	预算环节	预算粒度	预算文化	预算文化注释
初始级（一级）	预算是财务部门的事，预算内容主要是财务科目预算，预算执行的准确度很差	计划、弱控制	目标、编制、执行	企业级	倡导阶段	管理者形成认知，通过一定手段和方法，让员工形成认知
扩展级（二级）	企业管理层已经开始重视预算工作，业务部门深入参与预算工作，预算内容包括从业务预算到财务预算，有预算结果的反馈分析	计划、控制、弱评价	目标、编制、执行、评估	企业级、部门级	泛化阶段	广泛推广，通过一定手段和方法让多数人理解，并使其接受
闭环级（三级）	企业的预算管理形成了从目标制定、预算编制、控制执行到分析改进、预算调整、预算考核的闭环管理，预算已经成为企业落实经营目标和运营协调的重要管理手段	计划、控制、评价、弱决策	目标、编制、执行、评估、激励	企业级、部门级、基层	一般标准化阶段	将要求转化为明确的制度，并与企业员工的切身利益挂钩，使管理者的要求体现在员工的行动上
优秀级（四级）	企业预算管理系统运行协调、反应及时，业务数据与预算数据实现自动化对接，数据充分准确，预算标准科学合理，建立了充分反映行业特点和管理重点的预算模型，同时通过滚动预算和情景模拟使得预算管理成为企业实现资源优化配置和运营控制的主要工具	计划、控制、评价、中短期决策	同闭环级	企业级、部门级、基层、作业	深度标准化阶段	将要求转化为更加详细的制度，落实到每个人每一次的行动上

24

等级	等级描述	预算功能	预算环节	预算粒度	预算文化	预算文化注释
卓越级（五级）	企业具有成熟的战略管理体系，通过长期预算量化和落实战略目标。预算系统和运营反馈系统实现集成，并作为战略落地、决策、控制和资源分配的主要手段，同时预算与整个组织文化和员工行为高度融合	计划、控制、评价、长中短期决策、协调	同闭环级	同优秀级	习惯化阶段	变成员工自觉遵循的一种习惯，形成近似本能的反应

同时，根据前述我们在内部控制系统五要素理论基础上分析得出的预算管理系统五要素，即预算环境与人员、评估与预算模型、流程与控制活动、信息平台与沟通、监督与考核，开展模型具体内容的构建。借鉴CMMI模型，每个级别对应的目标不同，若相应级别的目标全部完成（包括全部低级别的目标），则认为企业预算管理达到这个级别。

2.4.1　控制域、目标和实践的确定

通过对前期文献的归纳和实践经验的总结，得出每个要素的基本构件——控制域（见表2-7）。全面预算管理成熟度的全部描述以控制域作为基本构件展开，针对每个控制域分别规定了应达到的目标、为达到这些目标应该做到的实践以及每个实践归属的成熟度等级。我们共得出了26个控制域，初步确定了这些控制域下的70个目标，以及达到这些目标所要进行的112项实践。

2.4.2　模型检验

初步确定目标和实践后，需要对模型进行评估测试，以评判单个目标及其相应实践的有效性以及整个模型的平衡性和一致性，检验模型的建构效度。有效性测试包括三个步骤，依次是单个目标的特性测试、实践的平衡性测试、变量相关关系测试。

（1）单个目标的特性测试

作为模型测试过程的第一步，单个目标的特性测试着重于单个目标的有效性，即可理解性、可衡量性、相关性、重要性和独立性。我们向10位资深咨询师和10位大型企业预算部门负责人发出意见征询邀请，请他们分别对70个目标的内容表述以及各目标对应的实践解释逐一进行有效性测试，以提高模型及其对应测试量表的内容效度。汇总反馈意见发现，其中有8个目标语义不明，我们重新进行了定义；有6个目标内容有交叉，合并成3个目标。最终，将模型的目标确定为67个。

（2）实践的平衡性测试

当模型中的目标通过了特性测试以后，需要对实现这些目标的实践进行平衡性测试。本步骤的目的是确定达到目标所需的关键实践，以及每一项实践对于目标实现的贡献程度。我们采用"专家判别法"，对同一实践在不同目标中的冗余和交叉进行平衡判别，做到全部实践数量的最少化和平衡，实现降维，提高模型及相应测试量表的建构效度。经过测试，最终为67个目标保留了99项实践。

（3）变量相关关系测试

在完成测试的前两个步骤以后，要通过对实践的赋值，以实现对目标的赋值。每个目标得到定量值后，就可以获得控制域的定量值。我们将模型的99项实践转化成调查问卷中相应的99个量表题项，并通过联络员协助56家企业填答问卷，搜集了所需的全部信息[1]。根据企业对每一个目标对应的实践的实现情况，为目标赋值[2]。由此，我们获得了每个企业26个控制域的定量值。56家参与测试的企业预算部门负责人根据我们提供的全面预算管理成熟度五个等级的定性描述（A、B、C、D、E五个选项内容分别是表2-4左起第2栏"等级描述"的相应内容），对照自己企业实际状况，选择相应的等级选项（量表题项），这样，我们也获得了56家企业预算管理成熟度等级的定量数据（一级至五级）。为了确保数据的可靠性，我们要求熟悉企业预算管理情况的联络员与企业预算部门负责人一起

---

[1] 56个样本包括参加预测试的5家企业。

[2] 例如，某个目标下有2项实践均完全实现（或基本实现），则目标赋值为2；如有1项实践未实现（或部分实现），则目标赋值为1；如2项实践均未实现（或部分实现），则目标赋值为0。

协商，共同确定等级选项。图 2-2 显示了被测试企业自评的预算管理成熟度等级分布情况。同时，我们根据企业预算部门负责人填写并由联络员确认的调查问卷信息计算得出 26 个控制域的得分[①]，表 2-5 为主要变量的描述性统计。基于上述数据，测试每个控制域与预算管理成熟度等级的相关关系（见表 2-6）。通过表 2-6 可以看出，26 个控制域均与预算管理成熟度等级存在显著的正相关关系，说明控制域构建合理，也证实了表 2-1 中对预算管理成熟度的影响因素的分析。

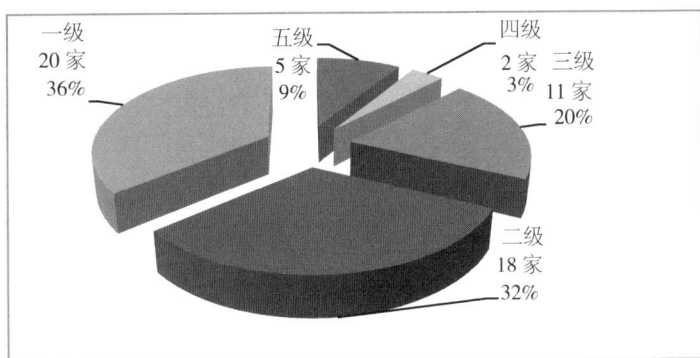

图 2-2　56 家企业预算管理成熟度等级分布

表 2-5　　　　　　　　　　主要变量的描述性统计

变量	N	极小值	极大值	均值	标准差
成熟度等级	56	1	5	2.64	0.923
预算定位	56	0	4	2.32	1.539
预算前提	56	0	1	0.88	0.334
预算组织	56	0	4	2.46	1.388
预算人员	56	0	2	1.16	0.826
预算假设和政策	56	0	3	2.02	0.944
目标制定模型	56	0	1	0.59	0.496
年度预算模型	56	2	17	11.64	3.835
情景模拟模型	56	0	1	0.39	0.493
长期预算模型	56	0	1	0.14	0.353
整体业务分析模型	56	0	1	0.45	0.502

27

[①]　每个控制域所包含目标对应的实践得分加总则为该控制域的得分。各控制域包含的实践数不同，各控制域的得分高低没有比较意义。企业可通过某个控制域的实际得分与该控制域的总分进行比较，考察其在某个控制域中预算实践的活跃程度。不同企业亦可以横向比较某个控制域的得分情况。

变量	N	极小值	极大值	均值	标准差
滚动预测模型	56	0	2	0.63	0.799
预算分析模型	56	0	2	1.23	0.853
预算目标	56	0	3	2.48	0.809
预算编制	56	0	2	1.61	0.652
预算控制	56	0	5	3.37	1.884
改进措施	56	0	1	0.54	0.503
滚动调整	56	0	1	0.50	0.505
预算考核	56	0	1	0.55	0.502
预算制度	56	0	2	1.48	0.738
信息沟通	56	0	2	1.16	0.910
预算管理工具	56	0	2	1.23	0.894
预算系统集成	56	0	2	0.98	0.963
效率评估	56	0	2	1.27	0.820
偏差率监控	56	0	2	0.93	0.892
模型适用性评估	56	0	1	0.48	0.504
预算参与和文化建设	56	0	3	1.89	1.201

表2-6　　　　**成熟度等级与控制域的相关性检验（N=56）**

	Pearson相关性检验（双侧）	Spearman非参数相关性检验（双侧）
	成熟度等级	成熟度等级
预算定位	0.543***	0.551***
预算前提	0.266**	0.267***
预算组织	0.600***	0.556***
预算人员	0.482***	0.497***
预算假设和政策	0.467***	0.475***
目标制定模型	0.468**	0.472**
年度预算模型	0.441***	0.402***
情景模拟模型	0.314***	0.310***
长期预算模型	0.494***	0.450***
整体业务分析模型	0.468***	0.459***
滚动预测模型	0.382***	0.385***
预算分析模型	0.546***	0.582***

	Pearson 相关性检验 （双侧）	Spearman 非参数相关性检验 （双侧）
预算目标	0.454***	0.538***
预算编制	0.397***	0.447***
预算控制	0.580***	0.576***
改进措施	0.498***	0.501***
滚动调整	0.351***	0.309**
预算考核	0.317***	0.318***
预算制度	0.444***	0.468***
信息沟通	0.416***	0.421***
预算管理工具	0.499***	0.494***
预算系统集成	0.300**	0.326**
效率评估	0.609***	0.640***
偏差率监控	0.499***	0.491***
模型适用性评估	0.494***	0.494***
预算参与和文化建设	0.588***	0.574***

注：***、**分别表示在 0.01、0.05 的水平上显著。

2.4.3　实践定级

目标和控制域的测试通过以后，要确定每一个目标对应的实践的级别归属。我们邀请了北京元年科技股份有限公司的 30 位具有 3 年以上预算管理咨询经验的咨询师和 30 家企业预算部门负责人参与实践定级的问卷测试，要求每位测试者根据实践的内容和成熟度等级的描述给出 99 个实践的等级归属。根据 56 份问卷中每个实践的等级判断的平均值，确定实践的最终等级。最终，99 项实践中，归属二级成熟度的实践有 16 项，归属三级成熟度的实践有 36 项，归属四级成熟度的实践有 34 项，归属五级成熟度的实践有 13 项。实践的等级确定后，就完成了企业全面预算管理成熟度模型（CBMM）的构建。

CBMM 模型能够通过搜集企业预算管理活动实践信息，根据"实践"

的实现情况①，量化测试"实践"完成与否。当某一等级及以下所有等级对应的实践完成后，企业预算管理成熟度则被认为达到该等级。由于预算管理存在个体差异性，模型需要具有一定的容差率。参考CMMI的评价方法并结合预算实务经验，在确定企业全面预算管理成熟度等级时，每个等级的实践实现数如果达到该等级实践总数的75%，则视为成熟度达到该等级。

例如，A企业实现了二级对应的全部实践活动，则首先达到二级；然后考察三级实践活动时，发现有34项实践实现，但有2项实践没有实现，因实现的指标数为34项，超过了三级全部指标数的75%，因此，视为已经达到三级；再考察四级成熟度指标，发现有10项实践没有实现，实践实现数量没有达到四级指标总数的75%，因此，判定未达到四级，A企业全面预算管理成熟度最终定级为"三级"②。CBMM模型的评级方式如同"闯关"，需要从低等级向高等级逐级递进，不能越级评价，这也体现出企业全面预算管理实施和建设是一个渐进的过程（Hannan等，2013；刘凌冰等，2014）。

30

CBMM模型除了可以对企业预算管理成熟度等级进行测试外，还可以根据完成的实践数进行打分，同一级别的企业如果得分比较高，说明其预算管理比较活跃，完成的预算管理实践比较多，管理基础较好（如图2-3所示，由于篇幅所限，图2-3中目标和实践仅举例说明）。CBMM模型的具体内容见表2-7，具体等级划分详见表2-8。

为了使研究结果更加稳健，我们将利用CBMM模型测试得到的企业预算管理成熟度结果与企业预算部门负责人和咨询师根据定性描述给出的等级选项进行比较，进一步测试模型的建构效度。结果显示，企业根据定性描述得出的等级与CBMM模型测试计算出的等级均值分别为2.6429和2.6607，相关系数为0.762且通过显著性检验。同时，在成对样本检验中，两组结果无显著差异，证明CBMM模型测试结果准确度较高，模型建构

---

① 为了提高调查问卷的数据准确性，我们在问卷题项设计中，将CBMM模型中的每一条实践转变为调查题项，每个题项有四个选项，即"未实现""部分实现""基本实现""完全实现"，这样设计可以避免仅以"是"和"否"作为选项令被试者误解所带来的测量偏差。在赋值时，我们对选择"未实现"和"部分实现"的题项赋值为0，即视为没有实现相应的"实践"，对"基本实现"和"完全实现"赋值为1，即视为已实现相应的"实践"。

② 即使A企业此时实现的五级实践数量超过五级实践指标总数的75%以上，该企业全面预算管理成熟度等级依然为"三级"。

效度较好。

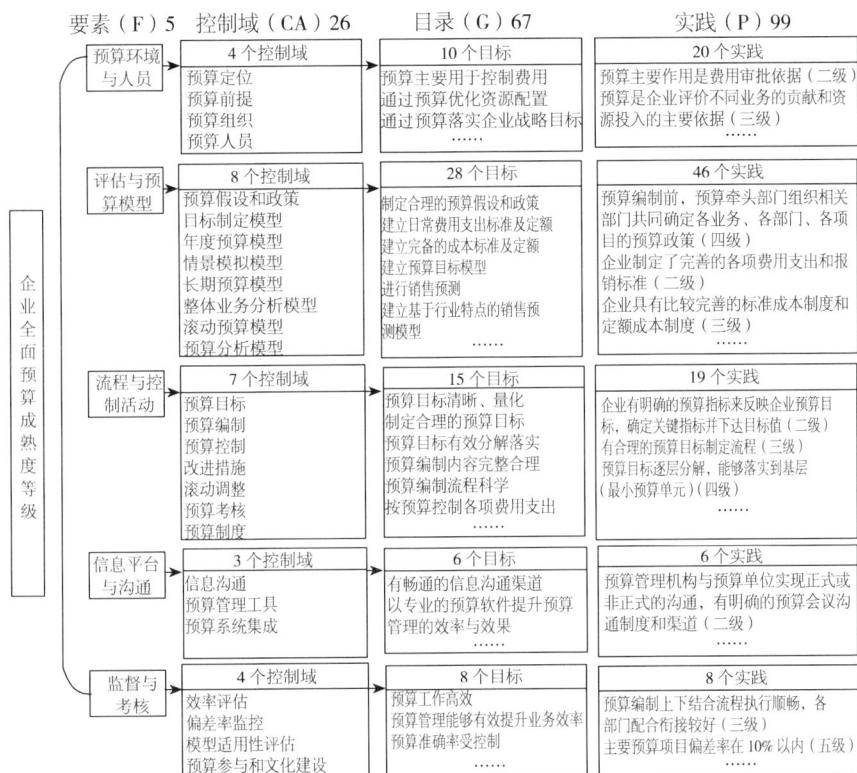

图 2-3　CBMM 模型的架构

表 2-7　　　　　　　　　**CBMM 模型的具体内容**

要素（F）	控制域（CA）	目标（G）
预算环境与人员	预算定位	1.预算主要用于控制费用
		2.通过预算优化资源配置
		3.通过预算落实企业战略目标
	预算前提	4.企业内部划分清晰的责任中心
	预算组织	5.建立完善的预算组织
		6.预算主管部门地位突出
		7.预算组织实际履责
		8.预算组织履责到位
	预算人员	9.预算相关人员能力胜任
		10.预算培训投入高,相关人员具有较高的预算管理水平

要素(F)	控制域(CA)	目标(G)
评估与预算模型	预算假设和政策	11. 制定合理的预算假设和政策
		12. 建立日常费用支出标准及定额
		13. 建立完备的成本标准及定额
	目标制定模型	14. 建立预算目标模型
	年度预算模型	15. 进行销售预测
		16. 建立基于行业特点的销售预测模型
		17. 建立产销预算衔接模型,平衡企业生产能力和销售规模
		18. 建立生产能力规划模型
		19. 建立体现企业业务特点及关键环节的生产预算模型
		20. 非项目制企业成本预算逻辑模型要符合企业生产流程和成本管理特点
		21. 项目制企业需要建立基于项目管理的项目成本和盈利预算模型
		22. 通过基于作业的成本预算模型(ABB)提高企业成本预算的科学性和准确性
		23. 采购预算模型体现重点物料和重点供应商的采购特点
		24. 费用预算方法能体现其支出特性
		25. 人工成本预算模型体现企业人力资源管理特色(人工成本占比重大的知识密集型企业,本条需严格执行)
		26. 资本性支出预算模型反映企业的投资特点
		27. 对外投资预算模型反映企业投资管理要点
		28. 现金平衡预算模型反映企业资金余缺和资金平衡要点
		29. 融资预算模型反映企业融资结构和融资特点
		30. 建立分业务的盈利预算模型来评价不同业务的盈利贡献
		31. 资产负债预算能够反映资产和负债项目的管理要求
	情景模拟模型	32. 预测模拟未来环境因素变化对企业预算结果影响
	长期预算模型	33. 通过长期预算模型来量化企业战略规划和细化企业战略目标
	整体业务分析模型	34. 通过企业业务模型化分析评估企业的商业模式和业务模式
	滚动预测模型	35. 通过滚动预算模型定期动态编制和调整预算,提高预算对业务的指导和监控
		36. 通过定期滚动实现对战略的动态管理
	预算分析模型	37. 使用差异分析法分析预算的执行情况
		38. 根据企业管理重点和业务特点,建立企业预算分析模型和体系,帮助管理者及时发现预算执行问题

要素（F）	控制域（CA）	目标（G）
流程与控制活动	预算目标	39.预算目标清晰、量化
		40.制定合理的预算目标
		41.预算目标有效分解落实
	预算编制	42.预算编制内容完整合理
		43.预算编制流程科学
	预算控制	44.建立不同成本、费用支出项目的合理的预算控制策略
		45.按预算控制各项费用支出
		46.根据预算控制业务执行过程
		47.定期进行预算预实对比差异分析
		48.预算分析能有效实现过程监控
	改进措施	49.对预算执行差异采取改进措施
	滚动调整	50.滚动预测能对业务提供指导
	预算考核	51.把预算考核融入企业业绩考核体系,通过预算考核强化预算管理
	预算制度	52.建立明确的预算制度及相关文件
		53.预算制度及相关文件全面并及时更新
信息平台与沟通	信息沟通	54.有畅通的信息沟通渠道
		55.信息沟通全面且及时
	预算管理工具	56.以专业的预算软件提升预算管理的效率与效果
		57.预算软件满足多维度、平台化的管理需要
	预算系统集成	58.预算系统与其他系统进行数据连接
		59.预算系统与其他系统进行整体集成
监督与考核	效率评估	60.预算工作高效
		61.预算管理能够有效提升业务效率
	偏差率监控	62.预算准确率受到控制
		63.预算准确率较高
	模型适用性评估	64.预算模型适用性强
	预算参与和文化建设	65.各部门积极参与预算管理工作
		66.预算作为企业管理体系的核心
		67.形成全员的预算意识与行动

表2-8   CBMM模型的实践分级

序号	实践（P）	等级
1	预算的主要作用是费用审批依据	二级
2	预算是企业评价不同业务的贡献和资源投入的主要依据	三级
3	预算是企业评价各个部门或价值量环节的贡献和资源投入的主要依据	三级
4	企业具有清晰的战略规划和目标	五级
5	企业每年预算工作开始之前进行战略回顾	五级
6	企业依据战略规划制定年度预算目标	五级
7	企业对于各个业务单元和部门有明确的责任中心定位	二级
8	企业内部各机构和部门责权范围清晰且工作内容明确	二级
9	有正式的预算领导和决策机构	二级
10	有正式的预算日常牵头部门	二级
11	业务部门承担业务预算编制的职责	二级
12	业务部门承担业务预算分析的职责	三级
13	有专职的预算管理部门,且在企业组织中具有重要的地位,能够切实发挥预算工作的牵头作用	三级
14	预算领导和决策机构进行实质性的而非走形式的预算决策,包括审议和批准预算	二级
15	业务部门有专职或兼职的人员负责预算管理工作	二级
16	企业一把手亲自负责预算领导和决策机构,并深度参与预算的质询与审批等工作	三级
17	业务部门负责人深度参与业务预算工作	三级
18	负责预算工作的人员具备预算专业知识	二级
19	关键预算管理人员获得相关的专业认证、三年内接受过预算管理的专业培训或者具有丰富的预算管理咨询和实施经验	三级
20	预算培训范围覆盖所有预算参与人员	三级
21	预算编制前,预算牵头部门组织相关部门共同确定各业务、各部门、各项目的预算政策	四级
22	预算编制前,各个业务部门及财务部门等首先根据内部历史经营情况总结分析及外部环境研究确定预算假设	四级
23	企业制定了完善的各项费用支出和报销标准	二级
24	企业具有比较完善的标准成本制度和定额成本制度	三级
25	企业制定了基于作业环节的成本定额和费用定额	四级
26	企业有包含战略规划、行业发展及市场预测、历史业绩、股东要求、资本市场预期等因素在内的年度预算目标测算模型进行年度预算目标制定	四级
27	企业运用模型或充分的依据(如对历史数据的分析等)进行年度预算目标分解	四级
28	采用符合企业特点和销售方式的销售预算编制方法	三级
29	企业有基于市场容量、市场份额、客户份额等因素的销售量预算模型	四级
30	企业有基于自身行业特点的销售价格预测方法	四级
31	企业有以销定产或以产定销的预算逻辑	三级
32	企业有生产能力及负荷率规划模型	四级

序号	实践(P)	等级
33	企业有基于生产流程和生产特点构建的生产预算模型	四级
34	企业有符合自身业务特点的服务交付模型	四级
35	企业按照成本结构(比如料工费)编制成本预算	三级
36	企业按成本发生环节编制成本预算	三级
37	企业按照项目成本内容编制目标成本预算	三级
38	企业按照项目编制项目盈利预算	三级
39	采用基于作业量的方法对可以确定动因的期间费用进行预算	四级
40	企业基于作业环节,编制作业量预算,并根据作业消耗定额编制作业成本(资源消耗)预算	四级
41	按照制造费用发生的特点编制制造费用预算,采用合理的方法分配计入成本预算(如采用收入、人工成本、工时等作为分配依据)	四级
42	企业编制重点物料的采购量和采购价格预算	三级
43	企业编制重点供应商的供货量和供货价格预算	三级
44	企业编制存货、仓储和物流预算	三级
45	按照销售方式特点、销售费用控制方式和控制重点编制销售费用预算	三级
46	按照管理方式特点、管理费用控制方式和控制重点编制管理费用预算	三级
47	根据企业业务量预算,编制企业人员需求计划	三级
48	基于人员数量和薪酬标准编制人工成本预算	三级
49	根据企业战略规划和年度业务量预算制订资产投资和更新改造计划	四级
50	企业有重大资产投资和更新改造的可行性分析模型	四级
51	企业有反映投资管理要点的基于战略规划的对外投资预算模型	四级
52	企业有反映自身现金流特点和管理重点的现金预算模型	四级
53	企业有反映自身融资特点和融资结构的融资预算模型	四级
54	企业编制分业务的毛利贡献预算和盈利预算	四级
55	资产负债的预算内容和逻辑体现企业资产负债管理重点	四级
56	采用弹性预算方法编制不同版本预算	四级
57	根据企业业务特点建立情景模拟模型,动态调整输入变量,测算预算输出结果	四级
58	企业编制中长期的业务目标规划	五级
59	企业有能够进行长期预测的业务财务一体化预测模型	五级
60	企业采用战略地图及平衡计分卡等工具细化和落实战略规划和目标	五级
61	企业有涵盖主体业务的业务分析模型,能够通过模型对企业整体或各个局部的价值贡献进行评估和决策支持	四级
62	企业有严格的预算调整政策,定期对预算进行调整(主要是指严格设置预算调整的边界条件或触发条件,以及调整依据)	四级
63	企业有完善的滚动预算模型,定期进行滚动预测,指导实际业务	四级
64	建立滚动预测与战略规划的互动机制,根据战略规划编制长期滚动预算,并实现战略规划的动态更新	五级
65	企业采用基本的差异分析方法,对预算执行情况进行分析	三级
66	企业有从财务到业务的多维度、逐层下钻的预算分析体系和模型	四级
67	企业有明确的预算指标来反映企业预算目标,确定关键指标并下达目标值	二级

序号	实践(P)	等级
68	有合理的预算目标制定流程	三级
69	预算目标逐层分解,能够落实到基层(最小预算单元)	四级
70	预算覆盖各主要业务环节和部门	二级
71	企业依据业务预算形成现金预算、损益预算	二级
72	分管部门对分项预算进行归口审核	三级
73	按上下结合的流程进行预算的编制、平衡、质询和审批	三级
74	采用合理的预算控制策略控制各项业务活动支出	三级
75	执行按预算控制各项支出的政策制度	二级
76	企业的经营活动按预算进行控制	三级
77	企业至少每季度进行预实对比差异计算	三级
78	企业至少每月进行预算执行差异分析	四级
79	企业定期召开从财务结果到业务原因的预算分析会	四级
80	企业建立并执行了预算差异调查、整改落实和跟踪评价的管理制度	三级
81	企业按季或月进行滚动预测	三级
82	企业以预算作为考核标准,在业绩(或绩效)考核指标中占有一定的权重	三级
83	企业有相对完善的业绩(或绩效)考核体系,并以预算作为考核标准,在考核指标中占有较大权重(50%以上)	四级
84	编制预算制度文件,下发各预算单位	二级
85	预算制度文件内容详尽,定期对预算手册进行修订	三级
86	预算管理机构与预算单位实现正式或非正式的沟通,有明确的预算会议沟通制度和渠道	二级
87	预算管理机构与预算单位之间,以及预算单位之间进行频繁的多种形式的沟通(如预算分析会、预算质询会等,以及经常性信息反馈),沟通效果好,及时反馈预算执行信息及差异原因等	三级
88	采用预算软件作为预算管理平台,设定预算逻辑,执行预算流程	四级
89	采用基于多维数据仓库的专业预算软件作为预算管理平台	五级
90	预算系统与其他主要财务系统和业务系统建立了数据接口	四级
91	预算系统与其他相关系统实现了功能层面的协同与数据方面的集成	五级
92	预算编制上下结合流程执行顺畅,各部门配合衔接较好,能够根据当期经营情况及时编制预算分析报告	三级
93	预算能够有效帮助提升企业业务工作效率	五级
94	主要预算项目偏差率在10%~30%	四级
95	主要预算项目偏差率在10%以内	五级
96	定期对预算模型适用性进行评价和完善(如根据环境变化、业务内容调整等)	四级
97	管理者和各部门对预算工作具有高度的参与积极性	四级
98	预算管理成为企业的管理体系核心,企业各项管理工作围绕预算展开	五级
99	基层员工关注预算目标,并努力实现本单位的预算目标	五级

2.5 ———————————————— 局限性讨论 ————————————————

CBMM 模型的建立，突破了以往仅能以定性的方法来评价企业预算管理水平的局限，实现了对预算管理水平的定量测量。CBMM 模型的理论基础是内部控制五要素理论。它是借鉴了 CMMI 模型的构造方法和分级评价思想，同时紧密结合中国企业管理实践开发而成的。CBMM 模型是内部控制理论的延伸和企业管理控制系统"四阶段论"的深化。

在模型开发过程中，受到企业预算管理相关数据保密性的限制，研究采用的样本量不够充足。为此，我们与国内大型专业预算管理咨询公司进行了合作，选取该公司的客户中实施全面预算管理较典型的企业。同时，由于有了客户预算咨询项目咨询师和企业预算部门负责人的积极参与和协助，在很大程度上保障了研究数据的可靠性。此外，尽管先后有 40 多位国内预算管理领域的资深咨询师、60 多家企业的预算管理人员和 20 多位从事预算管理研究的学者参与到模型的开发、测试、评审、征询意见等过程中，但是，他们只是国内相关领域人员的小部分。因此，CBMM 模型还有待通过更多的企业样本测试以及实务专家、学者们对其进行修正。待企业样本达到较大规模时，可运用线性回归、结构方程等其他方法对模型进行进一步的校验。

第 3 章

中国企业全面预算管理成熟度现状、问题和建议

3.1 —— 开展中国企业全面预算管理成熟度测评的背景 ——

2016 年 10 月 8 日，财政部下发的《会计改革与发展"十三五"规划纲要》中明确提出要进一步发挥预算管理的职能作用，以促进企业提高管理水平和经济效益。

我国企业预算管理应用起步较晚，大多数企业都在不断摸索中不断提高预算管理应用水平。2001 年，南京大学会计学课题组通过问卷调查发现，大多数企业都认识到了实施预算管理的重要性，但企业预算管理尚存在一些认识与实务的盲区，在其科学性与合理性方面也有待改进；2003 年，于增彪等对我国企事业单位的预算实施情况进行调查，表明我国进行预算编制的大型企事业单位已有97%，但是应用效果还不够理想；2004 年，韦德洪围绕企业全面预算管理的普及和应用程度、企业实行全面预算管理取得的显著成效等问题进行了一次问卷调查，发现预算管理在我国企业虽被广泛运用，但由于缺乏理论指导，实施的效果并不显著。2007 年，姚颐等再次对我国企业集团财务控制的现状进行了全面调查，发现预算管理虽然已被企业集团广为接受，但对预算控制的满意度较低。文献检索显示，此后，国内学者再未做过全国性的相关调查。因此，借助企业全面预

算管理成熟度模型的应用，课题组在全国范围内再次开展了较大范围的企业调查，旨在反映中国企业预算管理工具应用的现状、问题，查找问题产生的根源，制定可行性对策。

3.2　测评过程和结果

企业预算管理属于企业内部管理问题，没有大量公开数据，以往类似调查研究的有效样本量均不大（南京大学会计学课题组[1]，2001；姚颐等[2]，2007）。尽管概率抽样形成的样本增强了问卷结果的代表性（Diamond et al.，2000），但考虑到相关数据的非公开性且涉及企业内部管理的商业机密，在会计（尤其是管理会计）研究中，问卷调查的研究者通常难以实现较为完善的概率抽样。在这种情况下，非概率抽样可能是进行研究的唯一选择，但必须尽量使样本能最大化地体现自变量的差异，以保证假设检验的可靠性。

3.2.1　样本选择和问卷发放

自 2015 年 1 月，课题组与中国内部控制研究中心和北京元年科技股份有限公司合作，运用企业全面预算管理成熟度模型（简称"CBMM 模型"，专利号 201510593999X）[3]，对全国 103 家大中型企业[4]（本章使用的研究样本截止到 2017 年 7 月）进行了全面预算管理成熟度测评。课题组先后向北京元年科技股份有限公司的预算咨询客户、中国内部控制研究中心的企业会员以及其他组织推荐的企业共 135 家发出企业全面预算管理成熟度测评邀约。课题组承诺签署保密协议并且为每一家参与调查的企业免费提供由具有丰富行业经验的资深咨询师撰写的《企业全面预算管理成熟度测评

---

[1]　有效样本 71 个，详见"南京大学会计学系课题组.中国企业预算管理现状的判断及其评价[J].会计研究，2001（4）：15-29"。
[2]　有效样本 80 个，详见"姚颐，刘志远，李冠众.我国企业集团财务控制现状的问卷调查与分析［J］.会计研究，2007（4）：28-35"。
[3]　企业全面预算管理成熟度模型（CBMM）是通过对企业全面预算管理实践活动的系统考查，衡量企业预算管理水平的一种量化测评工具（刘凌冰、韩向东，2015）。CBMM 模型由五个要素组成，五个要素共有 26 个控制域，从所有控制域中分解出 66 个目标，完成 66 个目标需要实现 99 项关键预算管理实践活动。企业预算管理成熟度评价结果分为五个等级：初始级（1 级）、扩展级（2 级）、闭环级（3 级）、优秀级（4 级）、卓越级（5 级）。
[4]　参加 CBMM 测评的企业主要来自北京元年科技股份有限公司的预算管理咨询客户和中国内部控制研究中心的企业会员。

报告》[①]。长期合作的信任和免费的咨询服务极大地提高了企业参评的积极性，最终有103家企业同意参与测评，并主动提交了根据CBMM测评信息设计的调查问卷（详见附录1）。

考虑到问卷篇幅较长和采用量表指标作答可能引发的数据效度问题，我们为每一个被调研客户指定了调研联络人，并确保联络人熟悉参评企业的预算管理情况[②]，或者与参评企业预算主管人员比较熟悉。此外，课题组成员于2015年1月对联络人进行了一次现场培训和三次电话会议培训，详细解释调查问卷中的问题语义和需要注意的问题，以便随时解答参评企业在填答测评问题时的咨询。

3.2.2 问卷回收和数据输入

由于咨询公司无偿提供预算管理优化咨询服务，激发了大多数企业的参与热情，103家企业同意参与并在规定时间内主动反馈了问卷，我们认为这103个样本的信度较高。客户调研问卷收回后，我们对客户提供的信息中的个别遗漏题项进行确认，由联络人与客户讨论确定最终选项。91%以上的问卷填写人员是企业预算部门的主管或骨干，9%为企业非财务企业高管。被调查者对问卷量表不存在理解上的障碍，且有相应的专业知识和实务工作经验。因此，调查数据有较高的信度。

问卷调查期间为2015年1月中旬至2017年7月。所有调查问卷的信息填写完整无误，反馈率达到100%。Diamond et al.（2000）认为："问卷回复率在75%~90%通常可获得可信的结果。"由此可见，调查数据信度较高。问卷采用双工输入，在进行核对校正后，才进入下一阶段的分析。

3.2.3 未回复偏差测试

问卷的未回复对结果适用性影响不仅取决于回复率，还取决于回复者和未回复者的系统性差异的程度（Moore and Tarnai，2002）。管理会计中最常见的未回复分析是对比早期的回复者与随后的回复者。这种方法的主要思想是，后来的回复者相对于较早的回复者更接近于未回复者（Moore

---

① 《企业全面预算管理成熟度测评报告》的内容包括参评企业的预算管理成熟度等级、在所有参评企业中的排名、预算管理中存在的问题及具体的提升建议等。
② 曾经或正在企业现场工作的预算咨询项目经理或者核心咨询师。

and Tarnai，2002）。课题组用两种方式测试未回复偏误。首先，联系了135家最初拟定的客户中32家未同意参加测试的企业预算负责人，向他们询问原因。原因主要为预算不成熟、出于信息保密考虑和项目不涉及预算等，但是没有人表示因问卷设计不妥或因对预算的不同看法等原因而拒绝反馈。其次，测试了前三个月参加测试企业反馈的调查问卷和测评活动开始三个月以后参加测试企业反馈的调查问卷，T检验显示相关问题在10%的置信水平下没有显著差异。

3.2.4   企业成熟度调查基本情况

参与CBMM测评的企业主要是各行业规模较大、具有一定知名度和影响力的企业。这些企业重视管理，它们基本都有过聘请财务咨询公司优化预算管理的经历，是目前中国预算管理实施时间较长、基础较好的一批代表性企业。根据CBMM模型对参评的103家[①]企业进行全面预算管理成熟度测评，结果显示（见表3-1和图3-1），企业全面预算管理成熟度为低水平的一级和二级占大多数（分别为34.95%和28.16%），达到63%以上，而成熟度水平较高的企业（等级达到四级和五级）仅占样本数比重的18.45%。所有参评企业预算管理成熟度等级平均值为2.32分（表3-3），低于中间评价值（三级）。由此可以看出，我国企业整体预算管理成熟度不高，全面预算管理在企业中的应用有待深化，管理水平有待进一步提升。

表 3-1   企业CBMM等级评分基本情况（N=103）

等级	企业数量	比例
五级	12	11.65%
四级	7	6.80%
三级	19	18.45%
二级	29	28.16%
一级	36	34.95%
合计	103	100.00%

① 调查分为两个批次，2015年4月以前为第一批次，调查对象主要为合作咨询公司的客户，共56家；2015年4月以后至今陆续有67家企业通过各种渠道获得CBMM测评的消息，自愿参与测评。

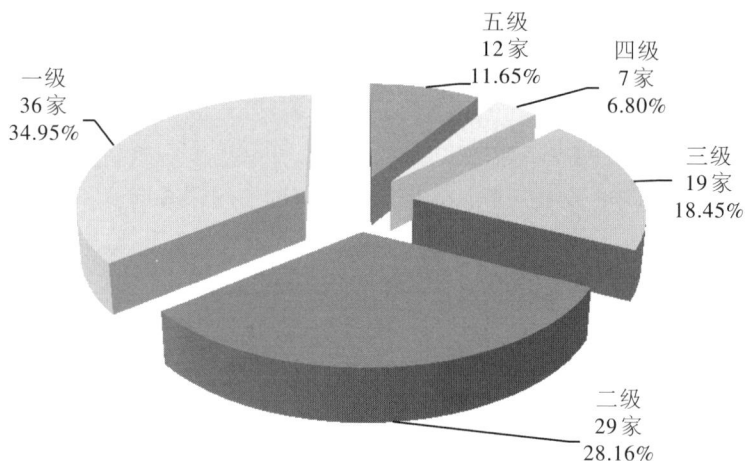

图 3-1 企业 CBMM 等级评分情况

其实，早在 2011 年，国务院国资委在《关于进一步深化中央企业全面预算管理工作的通知》中就指出，虽然很多中央企业已经实施预算管理很多年，但是"部分企业现有的预算管理模式难以适应企业快速发展的需要"。紧接着，2012 年，国资委又下发《关于中央企业开展管理提升活动的指导意见》，要求央企加紧推进全面预算实施进程，提升企业整体管理水平。近年来，财政部接连发布了《关于全面推进管理会计体系建设的指导意见》（2014）、《管理会计基本指引》（2016）、《管理会计应用指引征求意见稿》（2016）等倡导和督促企业实施全面预算管理的一系列文件。在上述文件的带动下，以国有企业为代表的一大批中国本土企业，其全面预算管理实施和应用水平均有了较大的提升。但是，从调查结果看，相关的工作仍有待持续推进落实。

企业 CBMM 等级评分情况见表 3-2。

从企业所有制类型来看，参与预算管理成熟度测评的国有企业目前共有 60 家，全部为大中型以上企业，成熟等级的平均值为 2.27；民营企业数目相对较少，仅有 43 家。但是，参评的民营企业等级均值（2.40）高于国有企业。国有企业应用预算管理得到了财政部、国资委等政府部门的引导、协助和鼓励，而民营企业自发地应用预算管理，其应用效果并不比国有企业差。

表3-2 企业CBMM等级评分情况

	家数	比例	等级均值
国有企业	60	58.25%	2.27
民营企业	43	41.75%	2.40
上市	24	23.30%	2.58
非上市	79	76.70%	2.24
总计	103	100%	2.32

我们比较了上市公司与非上市公司在预算管理成熟度上的差异，结果显示，上市公司（2.58）要高于非上市公司（2.24），说明上市公司的整体管理水平高于非上市公司。

3.3 企业全面预算管理建设中的突出问题

3.3.1　不同行业企业实施预算管理的难度差异大

数据显示，不同行业企业实施预算管理差异较大，呈现"金融领跑，房地产垫底"的态势。

我们比较了不同类型企业在预算管理成熟度上的差异，结果报告在图3-2和表3-3中。从不同行业来看，金融、保险业的预算管理成熟度等级的均值最高（4.14），并且远远超过其他行业（除金融行业外，其他行业预算管理成熟度等级的均值为（2.23））；房地产业（1.78）、采矿业（2.00）、建筑业（1.88）的预算管理成熟度最低。

此外，分析发现，多元化经营的企业CBMM测试结果均值较低（1.80），说明行业跨度较大的多元化企业在预算管理实施上难度较大。

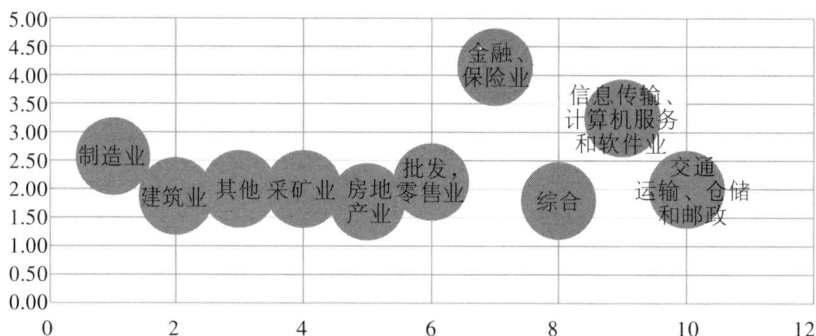

图 3-2 不同行业企业 CBMM 测评等级

表 3-3   **不同行业企业 CBMM 测评等级**

排名	行业	企业数目	占据百分比	等级均值
1	金融、保险业	7	6.80%	4.14
2	信息传输、计算机服务和软件业	4	3.88%	3.25
3	制造业	30	29.13%	2.57
4	批发、零售业	8	7.77%	2.13
5	采矿业	9	8.74%	2.00
6	交通运输、仓储和邮政	4	3.88%	2.00
7	其他	11	10.68%	2.00
8	建筑业	16	15.53%	1.88
9	综合	5	4.85%	1.80
10	房地产业	9	8.74%	1.78
	总计	103	100%	2.32

3.3.2 企业应用预算管理投入很多但收效甚微

自 2011 年国资委发布《关于进一步深化中央企业全面预算管理工作的通知》以来，全面预算管理在以国有企业为主体的中国大中型企业中迅速发展，很多企业投入大量人力、物力和财力，对企业预算管理体系进行部署和改造。然而，通过对调查数据的分析，我们发现"春华未必秋实"，有些企业尽管在落实全面预算管理工作时也相当"卖力"，努力做到

"面面俱到",但是,结果却并不理想。

企业对预算管理的投入,也就是企业把资源投放到预算管理活动上的程度,包括企业为了实施预算管理而消耗的人力、物力和财力等资源要素。这些资源的消耗大多是无形的,难以用货币计量,其度量可以利用企业在整个预算管理体系运作上采用的实践活动的丰寡来实现[①]。例如,企业预算管理的环境和人员的建设情况、预算编制体系的复杂程度、预算控制的强度、预算管理信息化程度[②]等,均能反映企业对预算管理的投入程度和占用预算管理外项目发展的机会成本。

企业对预算管理的投入预期产出就是预算管理水平的提高,也就是要把它们有效地转化为预算管理成熟度的提升。企业对预算管理的投入与预算管理成熟度提升的转化效率,即提高投入产出比,可以衡量企业在预算管理上的投入效率。衡量这种效率的意义在于了解企业在应用预算管理工具时所做投入是否有效,掌握企业管理投入的资源配置是否合理。在调查中,我们发现,有些企业忽视了预算管理优化是一个系统工程(刘凌冰等,2016),在某些环节,如机构设置、预算编制、信息化等方面投入过多资源,而在预算沟通、预算控制、预算考核环节的实践明显落后,导致预算管理体系整体运作效果不佳,白白浪费了企业投入的人力、物力和财力。企业预算管理投入和投入产出比见表3-4。

从调查结果看,不同企业预算管理投入以及投入产出比有较大差异。

首先,对于不同行业的企业,金融保险业企业和信息软件业等IT类企业的预算管理应用的投入最多,平均投入产出比均值最高,说明金融类和IT类企业最重视预算管理的应用,具有预算管理信息化系统应用的人才和财务优势,应用效果好(预算管理成熟度等级均值最高)且效率高。分析发现,除金融和IT行业外,在应用预算管理上,制造业投入最多。由于制造业涉及所有生产制造环节,因此其成本核算的难度和工作量更大。紧随其后的是批发零售行业。预算管理的投入较多,说明该行业的竞争激烈,对成本控制和经营规划的需求较为迫切。然而,尽管投入较大,

---

　　① 在本书的研究中,我们衡量企业对于预算管理的投入,运用CBMM模型中99项预算管理实践活动的实现程度(未实现得分为0,部分实现得分为1,基本实现得分为2,完全实现得分为3)来衡量,计算总得分(满分为297分)。
　　② 刘凌冰,韩向东. 企业全面预算管理成熟度模型构建研究[J]. 财务研究,2015(5):15-25.

表 3-4　　　　　　　　　企业预算管理投入和投入产出比

	企业数目	占据百分比	CBMM等级均值	预算管理投入	预算管理投入产出比（×1 000）
金融、保险业	7	6.80%	4.14	233	17.78
信息传输、计算机服务和软件业	4	3.88%	3.25	218	14.91
建筑业	16	15.53%	1.88	136	13.79
制造业	30	29.13%	2.57	190	13.51
采矿业	9	8.74%	2.00	165	12.12
交通运输、仓储和邮政	4	3.88%	2.00	167	11.98
批发、零售业	8	7.77%	2.13	180	11.81
其他	8	10.86%	2.00	178	11.24
综合	5	4.85%	1.80	171	10.53
房地产业	9	8.74%	1.78	172	10.34
国有企业	60	58.25%	2.27	168	13.49
民营企业	43	41.75%	2.4	192	12.48
东部	79	76.70%	2.46	185	13.27
中部	11	10.68%	2	163	12.27
西部	13	12.62%	1.77	147	12.04
非上市	79	76.70%	2.24	172	13.03
上市	24	23.30%	2.58	199	12.98

批发零售行业企业的预算管理投入产出比却不高，低于建筑业、制造业、采矿业、交通运输业企业。建筑业多采用项目制预算方法。这种方法投入小、见效高，使建筑业的预算管理应用较为容易。相比之下，制造业企业在预算管理方面难度最大，尽管制造业企业在应用预算管理上投入较多，仅次于金融保险业，但由于生产制造中的成本核算较为复杂，预算管理所必需的基础工作量较大，例如，定额成本体系的建立，标准成本的制定、作业动因的梳理等。因此，投入产出比必定较低。尽管房地产企业在预算管理上也有较多的投入，超过了采矿业等行业，但是，效果却不佳，效率低下，在各行业中，预算管理投入产出比最差。

其次，不同地区的企业，其预算管理的重视程度和投入量不同，投入产出比在不同地区的企业也有差距，东部（13.27）比中部（12.27）和西部（12.04）高，说明东部地区企业在应用预算管理工具时，效率较高。

　　再次，不同所有制企业，其预算管理的投入和效率都不同。民营企业投入大于国有企业，但应用效率比国有企业低，说明政府等职能机构近年来颁布的一系列相关政策文件以及采取的各种鼓励和引导国有企业优化预算管理的措施起到了较好的辅助作用，使国有企业在应用预算管理工具时，更加科学有效，少走弯路。

　　当然，受到调查研究方法的局限，国有企业的被调查者在提供信息时可能过于乐观，民营企业相对较为保守，这将导致研究结论存在偏差。为此，在本书的第4章，专门研究了预算管理成熟度测评中人的行为特征。研究发现，不同所有制企业在预算管理的自我评估上存在差异，具体研究结果详见第4章。最后，从表3-4和图3-3中可以看出，上市公司在预算管理应用投入和效果（预算管理成熟度等级）上高于非上市公司，公众及监管部门对企业预算管理优化和管理水平提高，起到了较大的督促作用。但两者在应用效率（投入产出比）上，差异不大。

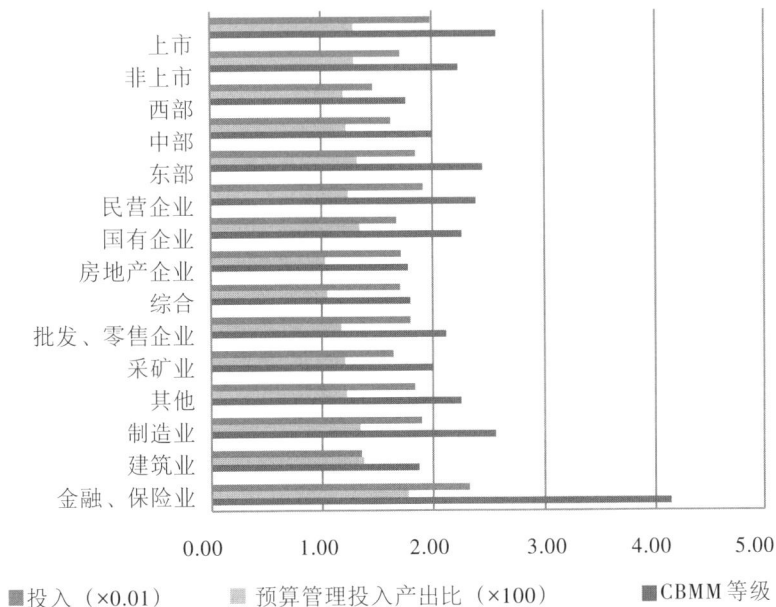

图3-3　不同类型企业投入和投入产出比

3.3.3 不同地域的预算管理实施效果差异较大

尽管预算管理是企业的微观行为，属于企业内环境的范畴。但是，通过对调查数据的分析发现，预算管理应用效果和效率，外部环境息息相关，地域分化明显，可谓"孔雀依旧东南飞"。

如表3-4所示，从企业所处地区来看，东部地区企业预算管理成熟度等级均值（2.46）要明显高于中部企业（2.00）和西部企业（1.77），说明不同地区企业在预算管理应用水平上存在差异，企业管理水平与地区经济发展程度有关。同时，从寻求咨询公司合作和参与预算管理成熟度的积极性来看，东部地区的企业明显高于西部地区。从表3-4可以看出，自愿参与CBMM测评的企业在东部分布比较集中，东部企业（79家）占76.7%，比中西部企业总和还要多[①]。这在一定程度上反映出，企业对开展预算管理和提升企业管理水平的重要性的认知。东部、南部企业对开展预算管理和提升企业管理水平的重要性的认知更明确。这种管理者认知上的差异导致预算管理实施效果的差异。这一结论也被很多学者证明（吴粒等，2011；田岗，2013；赵学珩，2013；Jolien，2015）。

3.3.4 预算管理信息化技术水平低

管理的现代化需要信息技术的支撑。然而，我国企业，包括预算管理在内的管理会计信息化建设仍然处于起步阶段，很多企业的预算管理都仅仅停留在使用Excel表格的手工处理水平上。有效的预算管理需要强大而及时的信息组织和沟通系统，但从CBMM测评的调查统计结果看，企业预算管理信息化投入不足，使得企业预算管理部门人员面临"无米之炊"的窘境。

CBMM模型还可分别对预算管理的五大要素，即预算环境、预算标准、预算流程、预算沟通、预算监督的执行情况进行评估。通过五个要素对应的26个控制域的实践活动完成程度，实现对26个控制域的定量测量，进而评估五个要素的水准。26个控制域涵盖了预算管理所有的关键

---

① 在拒绝参评的企业中，中西部企业亦占多数。

要件和流程。表 3-5 和图 3-4 显示了每个要素下控制域预算管理实践活动的完成率及其差异比较。

表 3-5 控制域完成情况

要素	控制域	完成占比
预算环境	预算定位	68.45%
	预算前提	89.81%
	预算组织	72.33%
	预算人员	59.22%
预算标准	预算假设和政策	68.16%
	目标制定模型	39.32%
	年度预算模型	71.95%
	情景模拟模型	38.35%
	长期预算模型	40.13%
	整体业务分析	37.86%
	滚动预测模型	39.81%
	预算分析模型	53.88%
预算流程	预算目标	79.61%
	预算编制	82.52%
	预算控制	66.34%
	改进措施	51.46%
	滚动调整	50.49%
	预算考核	60.19%
	预算制度	68.45%
预算沟通	信息沟通渠道和频度	53.88%
	预算管理采用的工具	43.69%
	预算工具与企业 IT 平台的集成	35.44%
预算监督	预算工作效率	58.74%
	预算偏差	48.54%
	模型适用性	44.66%
	预算融入企业管理的深度和广度	59.55%

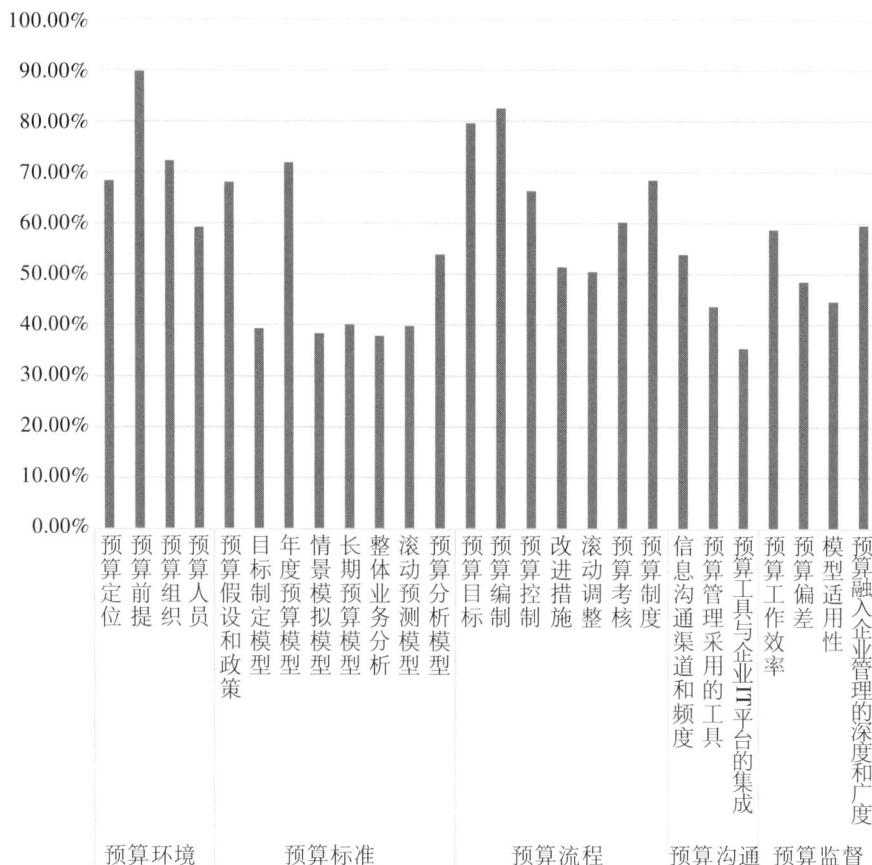

图 3-4　控制域完成情况

　　首先，分析发现，在控制域完成情况中，预算前提、预算目标和预算编制的完成情况最高（分别是 89.81%、79.61% 和 82.52%），说明我国企业在应用全面预算管理工具时，更加注重预算管理整个流程中的事前部分，即预算的编制以及编制流程，以往的调查研究也发现了同样的问题（南京大学会计学系课题组，2001）。

　　其次，企业在制定预算目标时较少采用模型方法，目标制定模型、企业整体业务分析模型、情景模拟模型和滚动预测模型的应用程度均低于40%。究其原因，主要是企业预算管理信息系统落后，正如表 3-5 中所示，预算工具与企业 IT 平台集成的实现情况较差，仅有 35.44%，与应用模型的比率基本一致。说明企业全面预算的深度优化离不开信息技术的支持，进一步提高企业预算管理应用水平，需要在预算管理信息化上"下工夫"。在2016年财政部发布的《管理会计基本指引》中的第十二条"单位应将管理会计信息化需求纳入信息系统规划，通过信息系统整合、改造或新建等途径，及时、高效地提供和管理相关信息，推进管理会计实施"，说明有关部门已经意识到，信息化建设是推进管理会计实施和升级的关键。

总之，从调查结果看，我国企业在应用预算管理工具时"重形式、轻技术""重控制，轻沟通"。没有好的信息技术支持，预算沟通的充分性和及时性就难以保障，而企业引入预算管理的四个功能[①]之一的组织内部沟通（Stephan，2004）发挥受到局限，提高预算参与程度进而降低代理成本也难以实现，Heinle（2014）用实证研究方法证明信息不对称水平较低时，自下而上的预算比自上而下的预算会产生更低的代理费用，肯定了预算参与的作用。

3.4 ———— 抑制中国企业预算管理成熟度的原因解析

51

3.4.1　员工成熟度是预算管理成熟度的重要影响因素

从前述的数据分析中，我们发现，金融保险企业预算管理水平普遍较高，实施效果和效率均高于其他行业。与之相反的是，房地产企业预算管理水平普遍较低，实施效果和效率均低于其他行业，采矿业和建筑业等行业企业的预算管理成熟度也不高（见表3-3）。

阿吉里斯（1952）的"不成熟-成熟理论"（Theory of Immaturity-maturity）可以用来解释上述现象。"不成熟-成熟理论"认为"一般来说，人的成熟程度愈高，员工的自我指挥和自我控制的作用发挥得就愈充分，这样的组织更适宜采用参与式以职工为中心的管理方式"，同时，阿吉里斯（1952）还认为一个人是否成熟的决定因素是知识和经验。

由于金融保险行业从业人员的教育水平和知识经验较高，因此，按照

---

① Stephan（2004）认为企业引入预算管理的四个主要原因是业务规划、绩效评价、组织内部沟通和战略制定。

阿吉里斯的观点，该类企业中的人员成熟度也较高，采用预算管理等依赖员工参与的管理工具会更适应，效果也会更好，而房地产、采矿业以及建筑业等行业从业人员的教育水平整体较低，人员成熟度较低，因此，实施预算管理的难度也会比较大，效果不容易达到理想状态。

3.4.2　预算体系局部优化难以实现整体效果

从前述的数据分析和实地调查中，我们发现，对预算目标制定、预算编制以及相关基础数据的准备工作也是投入最大和最为关注的[①]。但是，尽管企业在预算编制上下了很大的工夫，企业预算管理的实施效果并不理想，预算目标与实际完成的差异很大，预算管理在企业中的地位不高。

造成这个问题的主要原因是，企业在实施预算管理时关注前端关节，如多数企业更注重预算前提的设置、预算组织的构建、预算编制流程的设计、预算目标的分解等环节，而在预算管理运行体系的中端和后端的预算控制和预算评价等方面关注度不高。预算管理体系的实施和运作是一个系统化工程，局部的优化难以实现整个系统的提升（刘凌冰等，2014）。

根据调查整理的数据，借鉴 Hirst 等（1990）的研究方法，构建了多元回归模型验证预算各环节对预算管理实施结果的影响。

$$RESU = \beta_0 + \beta_1 PREP + \beta_2 CONT + \beta_3 EVAL + \sum \beta_j Controls + \varepsilon \qquad (3-1)$$

其中，变量定义及其设计见表3-6，具体量表详见本章附录3-1。

预算管理实施结果变量的度量。借鉴 Kenis（1979），Otley（1999）和 Covaleski（2003）等的研究，预算管理实施结果采用预算编制工作效率、预算差异控制以及业务工作效率提升等三个方面的量表来衡量[②]。

（1）预算编制变量的度量。预算编制变量采用企业制定预算目标采用的实践活动来衡量，即制定完整且科学预算编制流程，设置合理的预算假设和政策，并根据企业的业务特征创建包括目标制定模型、年度预算模

52

[①] 2013年，中国预算网、中国软件行业协会和北京市科学技术委员会组织的对2 000家已使用预算软件的企业的调查发现，43%的企业非常注重定额数据的准确性——这是编制成本费用预算的基础。2013预算软件企业调查[EB/OL].（2017-01-30）.http://www.yusuan.com/zjarticle/13942.html.

[②] Kenis（1979）对预算效果的量表设计为"企业实现预算目标的频率和具有明显预算偏差的频率"，这一量表被 Hirst（1990）和 Chong M（2001）沿用，原因在于预算编制与预算控制主要影响上述预算效果而非企业的经济绩效（Brier and Hirst 1990，Hirst and Lowy 1990）。而大量企业实践案例也显示，预算管理的实施与企业即期和近期的净利润并没有明确而直接的关系。这可能是由于利润受多种因素的影响，而企业优化预算管理往往在企业经营前景不乐观时进行。

表3-6 变量定义及其设计

	变量名称	变量定义及设计
因变量	RESU	预算管理实施结果（量表得分总和）
自变量	PREP	预算编制（量表得分总和。其中由于每一量表下相似题项较多，因此将相似题项取平均值后再将量表得分加总）
	CONT	预算控制（量表得分总和）
	EVAL	预算评价（量表得分总和）
控制变量*[①]	SIZE	企业规模（分类变量：规模小取值为1，规模中取值为2，规模大取值为3）
	SOE	股权性质（哑变量：国有控股企业取值为1，否则为0）
	IND	所属行业（哑变量：制造业、采矿业、建筑业、房地产等工业企业为1；金融保险、物流、贸易、信息技术等服务业企业为0）
	AREA	地区（哑变量：注册地为东部地区1，中西部为0）

*企业规模参照国资委颁布的《企业规模划分标准》，以从业人员数、销售额和资产总额为指标，结合行业特点划分。

型、情景模拟模型、长期预算模型、整体业务分析模型、滚动预测模型以及预算分析模型在内的科学预算模型体系（详见本章附录3-2）。

（2）预算控制变量的度量。预算控制是指利用预算对经营活动过程进行的控制，具体考察的实践活动包括建立不同成本、费用支出项目的合理的预算控制策略、按预算控制各项费用支出、根据预算控制业务执行过程、定期进行预算预实对比差异分析以及预算分析能有效实现过程监控。

（3）预算评价变量的度量。预算评价通过预算分析结果的沟通、预算差异调查和整改落实以及预算考核在绩效评价中的地位等实践活动度量。主要变量描述性统计见表3-7。

---

① 对于控制变量的选择，首先对以往文献中采用的企业特征（如企业规模、所属行业、企业所有权（ownership）、地域等）进行考量，通过Spearman相关性分析发现所属行业和企业所有权与预算效果没有显著的相关关系（篇幅限制，量表略），而企业规模和地域与预算效果有显著的相关关系，因此，最终确定这两个变量作为模型的控制变量。

53

表3-7　　　　　　　　　　　　　　主要变量描述性统计

变量	N	MIN	MAX	Mean	SD
RESU	103	0.00	21.00	11.20	5.03
PREP	103	0.70	11.90	7.79	2.44
CONT	103	0.00	15.00	9.49	3.88
EVAL	103	0.00	6.00	3.56	1.88

多元线性回归分析结果见表3-8。

表3-8　　　　　　　　　　　　　多元线性回归分析结果

	（1）	（2）
TARG	0.322*	0.322*
	（1.786）	（1.765）
CONT	0.751***	0.704***
	（5.363）	（4.970）
EVAL	0.473**	0.574**
	（2.072）	（2.459）
SIZE	否	是
SOE	否	是
IND	否	是
AREA	否	是
Constant	−0.117	1.480
	（−0.135）	（0.933）
Observations	103	103
Adjusted R^2	0.731	0.733
F值	93.424***	40.975***

注：***在0.01水平上显著，**在0.05水平上显著，*在0.1水平上显著；括号中报告的为T值。

模型调整后的R^2值为0.733且通过了0.01显著性水平上的F检验，说明模型的总体解释能力比较强。

回归方程的结果显示，在预算管理三个主要环节中，预算编制对预算管理运行结果的影响没有达到一般接受的0.05上显著，因此，其对预算管理运行结果的直接影响远小于预算控制和预算评价（相关实证检验在另一篇文章中讨论）。而预算控制和预算评价两个环节对预算管理运行结果具有更为直接和重要的影响。因此，预算编制做得好，需要通过实施预算控制评价，才能发挥出作用，仅仅注重预算编制环节，忽略预算控制和预算评价环节，难以令预算管理发挥出理想的作用。

3.4.3　法制环境和对外开放程度影响企业内部制度化管理

不同地区企业CBMM等级情况见表3-9。东部地区和中西部地区企业成熟度均值T检验见表3-10。从表3-9和图3-5可以看出，东部地区企业的预算管理成熟度明显比中西部地区企业高，二者均值差异在0.05水平上显著（见表3-10）。珠江三角洲地区的企业预算管理成熟度等级均值最高（2.55），紧随其后的是长江三角洲①（2.50），京津冀地区参评企业的预算管理成熟度次之（2.42）。其他地区与上述三大区域的参评企业相比，预算管理成熟度等级较低（2.13）。

表3-9　　　　　　　　不同地区企业CBMM等级情况

	企业数目	比例	等级均值
珠三角	20	19.42%	2.55
长三角	11	10.68%	2.50
京津冀	25	24.27%	2.42
其他	47	45.63%	2.13

表3-10　　　　东部地区和中西部地区企业成熟度均值T检验

均值方程的 T 检验				
t	df	Sig.（双侧）	均值差值	标准误差值
2.114	45.923	0.040	0.581	0.275

---

① 长江三角洲城市群包括：上海，江苏省的南京、无锡、常州、苏州、南通、盐城、扬州、镇江、泰州，浙江省的杭州、宁波、嘉兴、湖州、绍兴、金华、舟山、台州，安徽省的合肥、芜湖、马鞍山、铜陵、安庆、滁州、池州、宣城等26个城市。

《中国法治政府评估报告2015》①对中国100个重要城市的法治政府建设状况进行评估和观察，前十的城市分别为：深圳市、广州市、北京市、厦门市、上海市、杭州市、东莞市、长沙市、泉州市、成都市。可以看出，东部沿海城市占绝大多数，其中，珠三角地区②城市有3个，数量最多，比例最大。

另据《2015年中国城市和区域对外开放指数》③指数结果，综合考虑区域分布和城市未来的发展前景，全国对外开放标杆城市为：苏州、珠海、东莞；沿海对外开放领先城市为无锡、佛山、南通、泉州。此外，该报告还指出"从区域层面看，沿海地区整体开放度最高，尤其经济开放度及其细分指标遥遥领先于其他区域"。

不难看出，外部法制环境和对外开放程度，都与企业内部"控制"环境的建设有非常密切的联系。不同区域的社会、经济、文化和法制环境深刻影响该地区企业内部预算制度的建立与预算管理的实施效果。

3.4.4　信息化决定预算管理跨越性提升

预算管理成熟度测评结果显示，预算管理成熟度的等级分布并未呈现标准的"金字塔"结构。在成熟等级为一级到三级区间，成熟度等级越高，企业数量越少（表3-1）。但是，成熟等级为四级的企业（7家）明显少于五级企业（12家），主要原因是四级企业预算管理实现了"预算管理系统运行协调、反应及时，业务数据与预算数据实现自动化对接，数据充分准确，预算标准科学合理，建立了充分反映行业特点和管理重点的预算模型，同时通过滚动预算和情景模拟使得预算管理成为企业实现资源优化配置和运营控制的主要工具"。一旦企业预算管理达到四级的成熟度水平，很快就能实现向五级的"跨越"，即"企业具有成熟的战略管理体系，通过长期预算量化和落实战略目标。预算系统和运营反馈系统实现集成，并作为战略落地、决策、控制和资源分配的主要手段，同时预算与整

①　王晓易.《中国法治政府年度发展报告2015》《中国法治政府评估报告2015》发布[EB/OL].（2017-04-15）.http://news.163.com/15/1214/15/BAQ9EUC100014JB5.html.
②　珠江三角洲地区包括广州、深圳、佛山、东莞、中山、珠海、惠州、江门、肇庆共9个城市以及深汕特别合作区。
③　王晓易.《2015年中国城市与区域对外开放指数研究报告》发布［EB/OL］.（2017-04-15）.http://news.163.com/15/0628/16/AT77KDTO00014JB6.html.

个组织文化和员工行为高度融合"。

通过建立线性回归模型，采用二元Logistics分析，可以检验上述推论。

$$UPGRADE =\beta_0+\beta_1 INFO+ \sum \beta_j Controls+\varepsilon \qquad (3-2)$$

变量定义及其设计见表3-11。

表3-11   **变量定义及其设计**

	变量名称	变量定义及设计
因变量	UPGRADE	预算管理成熟度的高阶段等级（哑变量）四级和五级为1，一至三级为0)
自变量	INFO	预算管理的信息化程度（量表得分总和）
控制变量*[①]	PREP	预算编制（量表得分总和。其中由于每一量表下相似题项较多，因此将相似题项取平均值后再将量表得分加总）
	CONT	预算控制（量表得分总和）
	EVAL	预算评价（量表得分总和）
	SIZE	企业规模（分类变量：规模小取值为1，规模中取值为2，规模大取值为3）
	SOE	股权性质（哑变量：国有控股企业取值为1，否则为0）
	IND	所属行业（哑变量：制造业、采矿业、建筑业、房地产等工业企业为1；金融保险、物流、贸易、信息技术等服务业企业为0）
	AREA	地区（哑变量：注册地为东部地区1，中西部为0）

*企业规模参照国资委颁布的《企业规模划分标准》，以从业人员数、销售额和资产总额为指标，结合行业特点划分。

主要变量描述性统计见表3-12。

表3-12   **主要变量描述性统计**

变量	N	MIN	MAX	Mean	SD
UPGRADE	103	0.00	1.00	0.18	0.39
INFO	103	0.70	12.00	4.69	4.12

---

① 对于控制变量的选择，首先对以往文献中采用的企业特征（如企业规模、所属行业、企业所有权（Ownership）、地域等）进行考量，通过Spearman相关性分析发现，所属行业和企业所有权与预算效果没有显著的相关关系（篇幅限制，量表略），而企业规模和地域与预算效果有显著的相关关系，因此，最终确定这两个变量作为模型的控制变量。

57

表3-13显示，当预算管理信息化程度较高时，预算管理更容易达到高等级的成熟度水平，回归方程自变量系数为正，并且在0.01的水平上显著。

表3-13　　　　　　　　Logistics回归分析结果

	（1）	（2）
INFO	0.188***	0.294***
	（7.973）	（7.350）
TARG	否	是
CONT	否	是
EVAL	否	是
SIZE	否	是
SOE	否	是
IND	否	是
AREA	否	是
Constant	2.548*	23.841
	（24.824）	（0.000）
Observations	103	103
卡方	48.165***	8.779***

注：***在0.01水平上显著，**在0.05水平上显著，*在0.1水平上显著。括号中报告的为Wals值。

由此也再次证明，当企业应用预算管理达到一定程度时，预算管理系统信息化的作用便凸显出来。要使预算管理真正成为企业战略落地的工具，预算管理信息化建设是必经之路（刘凌冰等，2014）。

3.5　提高中国企业预算管理成熟度的改革建议

通过对103家代表性大中型企业预算管理成熟度测评数据的分析，我们发现我国企业预算管理工具应用不断深化，很多企业的预算管理水平已经达到了先进行列。但是，更多企业仍存在着诸多问题，预算管理应用技术有待提升，科学管理能力亟待加强。在前述数据分析和理论解析的基础上，我们对我国企业深化应用预算管理提出以下三点政策建议。

3.5.1　政府倡导、规则引导和专业指导"三管齐下"

近年来，在国资委发布的《关于进一步深化中央企业全面预算管理工作的通知》（2011年）、《关于中央企业开展管理提升活动的指导意见》（2012年）和财政部发布的《关于全面推进管理会计体系建设的指导意见》（2014年）、《管理会计基本指引》（2016年）、《管理会计应用指引征求意见稿》（2016年）等文件的带动下，在全国各级各类企业中掀起了包括全面预算管理在内的管理会计工具应用热潮。本土企业中，最早也是最多应用预算管理的就是国有企业。很多大型国有企业早在20世纪90年代中期，就在政府相关部门的倡导下应用了预算管理（刘凌冰等，2015）。时至今日，国有企业在实施预算管理中花费了大量的人力、财力和物力，但仍有诸多的问题和不足。因此，探索中国本土企业预算管理理论，帮助企业看清预算管理的问题本源，依旧是今后政府相关部门需要重视和落实的工作。

除了政府倡导以及制定相应的规则引导外，相关部门还应该切实做好标杆企业的示范作用。不仅要建设预算管理案例库，还要采取有效激励措施加强预算管理案例研究的深度。目前，预算管理相关案例研究的文献内容不够深入，案例信息不够翔实可靠，很多重要内容语焉不详，这可能与预算管理涉及企业机密信息、政府对企业披露相关信息奖励不足有关。大型企业具有足够的财务实力购买专业指导服务，而中小企业没有能力独立研究预算管理的应用，对政府提供的指导更为依赖。政府和研究机构等公益部门应加大专业推广力度，创造针对企业人员的公益或准公益专业培训平台。只有政府倡导、规则引导和专业指导"三管齐下"，才能真正提升企业人员对预算管理的应用能力，才能让预算管理在更多的企业中广泛应用起来。

3.5.2 正确认识和科学认知"两手抓"

预算管理的深度应用归根结底还是依赖于企业中的"人"。仅仅企业管理层、预算管理部门对预算管理的作用有正确认识还不够,包括基层员工在内的企业全体人员对预算管理的"好处"有了正确的认识,才能形成真正的预算文化,才能让全体人员关注预算管理。

对预算管理的作用仅仅有了正确的认识还不够,企业各级人员,特别是管理层和预算管理部门人员,还要对预算管理的应用环境、影响因素、科学流程和技术等有科学的认知。因此,企业应该注重对预算管理等先进管理工具应用的学习和培训投入,改变过去"向生产要效益"的观念,要接纳"管理出效益"的思想,舍得投入资金,购买专业指导服务,提升全员的预算管理专业能力和科学性认知,了解本企业预算管理的关键环节和要素,掌握预算管理系统运行规律,才能真正帮助预算管理在企业中深度应用。

3.5.3 差异化落实避免"一刀切"

全面预算管理的应用是一个系统工程,预算制度的建立容易,但是,落实和形成良好的"预算文化"不易。每个企业的管理基础不同,应用预算管理时不能"生搬硬套"。即使在同一个企业的不同部门、分部和子公司,预算管理的应用也不要追求"一刀切"。根据实践经验,大型企业,特别是集团企业,要按照组织类型和管理控制模式来确定预算管理的应用模式和步骤。例如,大型集团的管理控制模式主要分为操作管控型、财务管控型和战略管控型三种类别。完全的操作管控型适合结构单一、环境稳定的企业。规模大,经营范围广,下属企业众多、经营多元化的企业就应该采用战略管控型。此外,如果企业下属单位的管理水平和基础参差不齐,则应该先从管理基础好的企业做起,树立标杆企业和预算管理模板,逐步向其他子公司和分部推广,以免"操之过急"引发员工不满,导致预算管理实施失败。

附录 3-1

模型 3-1 的主要变量及其量表见附表 3-1。[①]

附表 3-1　　　　　　　　**模型 3-1 的主要变量及其量表**

变量	变量符号	量表	量表符号	参考来源
预算效果	EFFE	预算编制上下结合流程执行顺畅，各部门配合衔接较好，能够根据当期经营情况及时编制预算分析报告	EFFE1	Kenis（1979）；Otley（1999）；Covaleski（2003）和实务工作者的建议
		预算能够有效帮助提升企业业务工作效率	EFFE2	
		主要预算项目偏差率在 10%~30% 范围内	EFFE3	
		主要预算项目偏差率在 10% 以内[①]	EFFE4	
		每年预算工作开始之前进行战略回顾	STRA2	
		依据战略规划制定和调整年度预算目标	STRA3	
预算编制	TARG	预算编制流程*	TARG1	汤谷良和杜菲（2004）；潘飞和郭秀娟（2004）；王斌和潘爱香（2009）；毛洪涛等（2013）；王修平（2014）；Marginson and Ogden（2005）和实务工作者的建议
		预算假设与政策*	TARG2	
		目标制定模型*	TARG3	
		年度预算模型*	TARG4	
		情景模拟模型*	TARG5	
		长期预算模型*	TARG6	
		企业整体业务分析模型*	TARG7	
		滚动预测模型*	TARG8	
预算控制	CONT	采用合理的预算控制策略控制各项业务活动支出	CONT1	汤谷良和李苹莉（2000）；南京大学会计学系课题组（2001）和实务工作者的建议
		执行按预算控制各项支出的政策制度	CONT2	
		企业的经营活动按预算进行控制	CONT3	
		至少每季度进行预实对比差异计算	CONT4	
		定期向业务部门反馈预实分析结果，利用财务结果纠正业务活动偏差	CONT5	
预算评价	EVAL	企业在业绩（或绩效）考核中，将预算指标纳入考察范围	EVAL1	Brownell and McInnes（1986）；Abernethy and Brownell（1999）；姚颐等（2007）；阿吉里斯（2007）；邓传洲等（2008）和实务工作者的建议
		企业有基于预算管理的相对完善的业绩（或绩效）考核体系，"预算目标完成指标"在考核指标中占有较大权重（50% 以上）	EVAL2	

　　[①]　此处将预算偏差率设置为两个题项（分为三种等级：10% 以内、10%~30% 及 30% 以上，这种设置下可以使三种等级的得分有明显差异），以深入企业调研为基础。我们发现在实务工作中，企业的预算偏差为 10% 和 30% 具有重大差别，对预算编制和预算控制的投入均有较大差异，因此不能笼统地设置一个指标界限。

附录 3-2

模型 3-1 中的预算编制变量量表及其对应实务见附表 3-2。

附表 3-2　　**模型 3-1 中的预算编制变量量表及其对应实务**

量表及符号	目标	实践
预算编制流程 PREP1	预算编制内容完整合理	预算覆盖各主要业务环节和部门
		企业依据业务预算形成现金预算、损益预算
	预算编制流程科学	分管部门对分项预算进行归口审核
		按上下结合的流程进行预算的编制、平衡、质询和审批
预算假设和 政策 PREP2	制定合理的预算假设和预算政策	预算编制前，预算牵头部门组织相关部门共同确定各业务、各部门、各预算项目的预算政策
		预算编制前，各个业务部门及财务部门等首先根据内部历史经营情况总结分析及外部环境研究确定预算假设
	建立日常费用支出标准及定额	企业制定了完善的各项费用支出和报销标准
	建立完备的成本标准及定额	企业具有比较完善的标准成本制度和定额成本制度
		企业制定了基于作业环节的成本定额和费用定额
目标制定模型 PREP3	建立预算目标模型	企业有包含战略规划、行业发展及市场预测、历史业绩、股东要求、资本市场预期等因素在内的年度预算目标测算模型进行年度预算目标制定
		企业运用模型或充分的依据（如对历史数据的分析等）进行年度预算目标分解

量表及符号	目标	实践
年度预算模型 PREP4	进行销售预测	采用符合企业特点和销售方式的销售预算编制方法
	建立基于行业特点的销售预测模型	企业有基于市场容量、市场份额、客户份额等因素的销售量预算模型
		企业有基于自身行业特点的销售价格预测方法
	建立产销预算衔接模型，平衡企业生产能力和销售规模	企业有以销定产或以产定销的预算逻辑
	建立生产能力规划模型	企业有生产能力及负荷率规划模型
	建立体现企业业务特点及关键环节的生产预算模型	企业有基于生产流程和生产特点构建的生产预算模型
		企业有符合自身业务特点的服务交付模型
	非项目制企业成本预算逻辑模型要符合企业生产流程和成本管理特点	企业按照成本结构（比如料工费）编制成本预算
		企业按照成本发生环节编制成本预算
	项目制企业需要建立基于项目管理的项目成本和盈利预算模型	企业按照项目成本内容编制目标成本预算
		企业按照项目编制项目盈利预算
	通过基于作业的成本预算模型（ABB）提高企业成本预算的科学性和准确性	采用基于作业量的方法对可以确定动因的期间费用进行预算
		企业基于作业环节，编制作业量预算，并根据作业消耗定额编制作业成本（资源消耗）预算
		按照制造费用发生的特点编制制造费用预算，采用合理的方法分配计入成本预算（如采用收入、人工成本、工时等作为分配依据）

63

量表及符号	目标	实践
年度预算模型 PREP4	采购预算模型体现重点物料和重点供应商的采购特点	企业编制重点物料的采购量和采购价格预算
		企业编制重点供应商的供货量和供货价格预算
		企业编制存货、仓储和物流预算
	费用预算方法能体现其支出特性	按照销售方式特点,销售费用控制方式和控制重点编制销售费用预算
		按照管理方式特点,管理费用控制方式和控制重点编制管理费用预算
	人工成本预算模型体现企业人力资源管理特色(人工成本占比重大的知识密集型企业,本条需严格执行)	根据企业业务量预算,编制企业人员需求计划
		基于人员数量和薪酬标准编制人工成本预算
	资本性支出预算模型反映企业的投资特点	根据企业战略规划和年度业务量预算制定资产投资和更新改造计划
		企业有重大资产投资和更新改造的可行性分析模型
	对外投资预算模型反映企业投资管理要点	企业有反映投资管理要点的基于战略规划的对外投资预算模型
	现金平衡预算模型反映企业资金余缺和资金平衡要点	企业有反映自身现金流特点和管理重点的现金预算模型
	融资预算模型反映企业融资结构和融资特点	企业有反映自身融资特点和融资结构的融资预算模型
	建立分业务的盈利预算模型来评价不同业务的盈利贡献	企业编制分业务的毛利贡献预算和盈利预算

量表及符号	目标	实践
年度预算模型 PREP4	资产负债预算能够反映资产和负债项目的管理要求	资产负债的预算内容和逻辑体现企业资产负债管理重点
情景模拟模型 PREP5	预测模拟未来环境因素变化对企业预算结果影响	采用弹性预算方法编制不同版本预算
		根据企业业务特点建立情景模拟模型，动态调整输入变量，测算预算输出结果
长期预算模型 PREP6	通过长期预算模型来量化企业战略规划和细化企业战略目标	企业编制中长期的业务目标规划
		企业有能够进行长期预测的业务财务一体化预测模型
		企业采用战略地图及平衡计分卡等工具细化和落实战略规划和目标
整体业务分析模型 PREP7	通过企业业务模型化分析评估企业的商业模式和业务模式	企业有涵盖主体业务的业务分析模型，能够通过模型对企业整体或各个局部的价值贡献进行评估和决策支持
滚动预测模型 PREP8	通过滚动预算模型定期动态编制和调整预算，提高预算对业务的指导和监控	企业有严格的预算调整政策，定期对预算进行调整（主要是指严格设置预算调整的边界条件或触发条件，以及调整依据）
		企业有完善的滚动预算模型，定期进行滚动预测，指导实际业务
	通过定期滚动实现对战略的动态管理	建立滚动预测与战略规划的互动机制，根据战略规划编制长期滚动预算，并实现战略规划的动态更新
预算分析模型 PREP9	使用差异分析法分析预算的执行情况	企业采用基本的差异分析方法，对预算执行情况进行分析
	根据企业管理重点和业务特点，建立企业预算分析模型和体系，帮助管理者及时发现预算执行问题	企业有从财务到业务的多维度、逐层下钻的预算分析体系和模型

65

第 4 章

企业全面预算管理成熟度测评中的行为研究

4.1 —— 开展预算管理成熟度测评行为研究的意义 ——

企业预算管理是管理控制活动的基石。企业管理层制定战略和计划、控制成本、进行业绩评价、协调销售和生产、强化内部沟通、在公司内部进行有效的资源配置等管理活动，均基于企业预算管理。全面预算管理是企业预算的最高形式，是一种集系统化、战略化、人本化理念为一体的现代企业管理模式。作为现代企业管理模式，全面预算管理被认为是内部管理体系的重要组成部分，广泛地应用于各种企业。20 世纪 80 年代初期，现代预算管理被引入我国，企业开始积极探索适合我国国情的预算管理模式。

然而由于我国全面预算管理实行时间不长，缺乏实务处理经验，管理者对全面预算管理的认识和实践操作中仍存在着误区（廖敏霞，2013），导致有些企业中预算执行者未能完成预算指标，预算在应用或实践的过程中中断或形同虚设（于增彪，2003）。2011 年《关于进一步深化中央企业全面预算管理工作的通知》中指出虽然近年来预算作用日益显现，但随着经济全球化、网络化步伐加快，以及中央企业产业结构调整和内部资源整合力度不断加大，部分企业现有的预算管理模式已难以适应企业快速发展的需要。由此可见，我国预算管理在实践中仍然存在着问题，企业全面预算管理成熟度[①]还有待进一步提高。而人们对预算管理的认知程度是影响企业预算管理实施效果的关键因素（刘凌冰，2015），预算管理人员的态度对预算管理发挥作用具有重要意义。如果评价者高估了企业全面预算管理成熟度，很可能会导致管理者盲目乐观，忽视企业预算系统中存在的漏洞，从而阻碍企业全面预算管理系统的进一步完善和发展。那么，我国企业中是否存在高估企业全面预算管理成熟度的现象？

令人遗憾的是，由于预算管理研究属于企业内部管理问题，难以获取公开的数据，且缺少定量度量评价企业全面预算管理成熟度认知偏差的工具，以往有关预算管理研究很少涉及预算管理人员是否高估全面预算管理成熟度，更没有解决哪些因素会导致评价者高估企业全面预算管理成熟度这一问题。如果简单地假定预算参与者的唯一动机就是从预算中获得最大化的经济利益，对预算管理中复杂的行为过程及其后果视而不见，研究结果的适用性将大打折扣（李志斌，2006）。

随着"以人为本"管理理念的流行，社会心理学理论和方法对预算管理研究的影响日益增大。心理研究表明，人们的认知偏差受到过度自信心理的影响。一些学者从过度自信理论入手，找到了管理者认知偏差影响企业行为更直接的证据（孙光国，2014），国内外学者已经关注到过度自信管理者对企业并购、企业投资效率、股利支付、财务报告舞弊、会计稳健性等的影响。由此可见，过度自信这一现象存在于管理学领域，管理人员在做出决策时会受到过度自信的影响。预算管理评价者在评价企业全面预算管理成熟度时，也不可避免地会受到过度自信的影响。那么具有过度自信特征的评价者是否会倾向于高估企业全面预算管理成熟度？

此外，国家控股这一特殊的制度背景为我们研究中国资本市场相关会计问题提供了一个新的视角，产权性质对预算管理的影响也不容忽略。以往的研究表明，相对于非国有企业，国有企业管理层过度自信对会计稳健性、企业技术创新投资、公司税收规避程度、公司的绩效等的影响更强。那么，产权性质因素是否会影响评价者过度自信特征与高估预算管理成熟

67

---

① 全面预算管理成熟度是指实施全面预算管理的企业，其预算管理系统构成的完善程度、运行的有效程度以及预算管理功能的发挥程度，分为5个等级，等级越高预算管理成熟度越高（刘凌冰，2015）。

度之间的关系？预算管理成熟度被高估样本公司与未被高估样本公司在预算管理实践得分是否存在差异？

对于以上问题，本书借助自然实地实验研究的方法和企业全面预算管理成熟度模型（CBMM模型）（刘凌冰，2015）突破了数据获取和定量评价的限制，检验评价者过度自信特征、高估企业全面预算管理成熟度之间的关系以及产权性质对这种关系的影响，回答"谁会高估企业全面预算管理成熟度"。

开展预算管理成熟度测评中人的行为研究的主要贡献和意义在于：首先，采用自然实地研究的方法发现预算管理评价者在评价企业全面预算管理成熟度时普遍存在高估现象；其次，以过度自信理论为基础分析了评价者的过度自信特征，并从过度自信角度解释了评价者高估企业全面预算管理成熟度的原因，探索了产权性质对二者关系的影响，延伸了过度自信理论在企业管理中的应用，丰富了预算管理的相关研究；最后，研究结论为管理者全面科学地了解企业全面预算管理成熟度提供了参考，为进一步提高企业预算管理水平、保障预算在经营管理中的作用提供了保障。

4.2 ————— 测评参与人的行为特征理论分析 —————

4.2.1 预算管理评价者的过度自信特征

过度自信行为是指人们在做决策时对自身能力和知识面的高估而产生的偏差，人们会高估决策获得成功的可能性而低估与决策相关的风险。过度自信在人们处理各种信息和做出重要决策的过程中发挥着重要的作用。同样，企业评价者在评价企业全面预算管理成熟度时不可避免地也会受到过度自信心理的影响。那么，具有什么特征的评价者容易滋生过度自信心理？现有研究表明，影响过度自信的个人因素主要包括关心程度（高度相关）、专业知识、成功经验、控制幻觉四个方面（胡国柳、孙楠，2011）。我们就从这一角度分析评价者的过度自信特征（如图4-1所示）。

图 4-1　过度自信的个人特征理论

高度相关即当人们与某一事件高度相关时，更容易过度自信（Weinstein，1980）。Moore（2008）发现人们在自己关注的事件上表现得更容易过度自信。同样，评价者为管理人员或者直接负责预算工作时，与企业预算管理系统高度相关，那么评价者在评价企业全面预算管理成熟度时就容易受到过度自信的影响。专业知识也会影响过度自信，即如果人们会认为自己对该决策拥有更多的知识而容易表现出过度自信（Landier and Thesmar，2009）。同样，评价者直接负责预算工作或工作年限较长会因为更多地掌握了预算管理方面的知识或者技能而在评价企业全面预算管理成熟度时更容易表现出过度自信。成功经验指的是拥有更多成功经验人更容易过度自信（Gervais and Odean，2001）。研究表明，企业管理人员往往经历更多的竞争、获得更多的成功，具有丰富的管理经验和卓越的专业水平，因此他们容易"学会"过度自信，并不断强化过度自信这一倾向（Doukas and Petmez，2007），因此担任管理人员的评价者比基层员工更容易表现出过度自信。在企业实际工作中，工作年限长的评价者能够积累更多的经验，因而工作年限长的评价者比工作年限短的评价者可能拥有更多的成功经验，更容易表现出过度自信。控制幻觉是指人们认为事情都在自己的控制之中，对风险不敏感，进而过度自信（Gamerer and Lovallo，1999）。管理人员对企业重大决策具有最终话语权，这种地位会使管理人员相信自己可以掌控企业命运，陷入"控制幻觉"，因此更容易出现过度自信（March and Shapira，1987）。同样，相对于基层员工，担任管理人员的评价者也可能会因为"控制幻觉"而高估自己对企业全面预算管理成熟度的了解和把握，低估全面预算管理系统存在的不足。

将过度自信的基本理论应用于预算管理评价者（如图 4-2 所示），发现担任管理人员、工作年限较长、直接负责预算工作的评价者在评价企业全面预算管理系统时，更容易产生管理者过度自信心理。

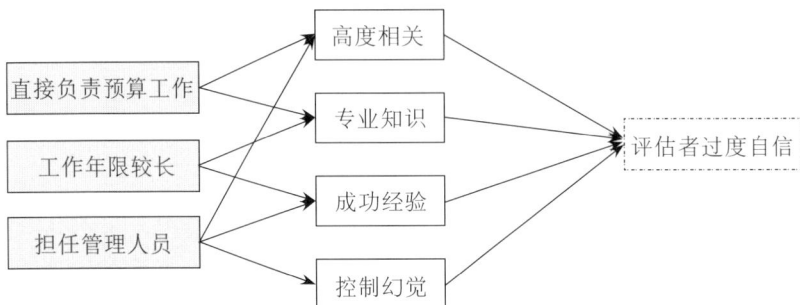

图4-2 预算管理评价者过度自信的特征分析

此外，这一结论与现有的心理学研究成果及实证研究结论一致。在心理学研究方面，符合"熟悉-高估"机制。"熟悉"是诱发过度自信的主要机制之一（宋仲玲，2008）。当人们自认为熟悉某一事件时，即使这一事件的发展完全是由偶然性决定的，他们也会认为自己可以控制该事件的发展。评价者在评价预算管理成熟度时，很可能会受到熟悉程度的影响而表现出过度自信，而直接负责预算工作、工作年限长、担任管理人员的评价者比不负责预算管理工作、工作年限短、担任基层员工的评价者对企业全面预算管理系统的熟悉程度更高，进而更容易滋生过度自信心理。

在实证研究方面，尽管有学者认为，虽然过度自信的人在做决策时会高估自身的知识和能力，但是，随着人们经营管理经验的增加，他们可以从过去的经营管理决策中收集更多的新信息，从而不断修正对自身能力和知识面的高估而产生的偏差。但是我们借鉴的企业全面预算管理成熟度模型是最新的研究成果，评价者在实验中也第一次面临着需要定量评价企业全面预算管理成熟度，不存在"修正偏差"的机会，故盲目假定工作年限越长的预算管理人员过度自信越弱是不合理的。

4.2.2 评价者过度自信特征与高估预算管理成熟度

过度自信既有有利影响，也有不利影响（余明桂，2013）。评价者的过度自信心理会如何影响其评价企业全面预算管理成熟度？本书从管理者过度自信的三种主要表现——自我归因偏差、过度乐观、置信区间过小进行了分析。

自我归因偏差即管理人员倾向于把成功归功于自身出色的能力，将失败归因于外部环境（Doukas and Petmezas，2007）。具有过度自信特征的评价者在评价企业全面预算管理系统成熟度时，很可能产生归因偏差，将预算管理系统的成功实施或者预算管理在经营决策中表现出的作用归功于自己预算管理方面的能力和技能，而将企业全面预算管理系统存在的缺陷归因于复杂的外部环境而非自身考虑不足，从而高估企业全面预算管理成熟度。

过度乐观是指管理者会高估有利事件的可能性，而低估项目失败的可能性。这种乐观情绪会造成管理者无意的失实陈述，虽然这并不一定是有意的欺骗，但是这种乐观情绪会影响其对公司的业绩评价，造成"乐观偏见"（Schrand and Zechman，2012）。具有过度自信特征的评价者会因过度自信而乐观地高估企业在全面预算管理系统方面投入的成效，而低估或者忽略企业预算管理系统中仍然存在的漏洞和不足之处，从而导致高估企业全面预算管理成熟度。

估值的置信区间过小是过度自信的另一个心理表现，导致人们显著高估预测不确定事件的准确性，高估小概率事件发生可能性，而将90%以上概率性事件视作肯定发生（Fisehhoff，1977）。Cooper（1989）对美国企业家的调查结果就显示，创业企业家认为别人的企业成功概率只有59%，却认为自己成功的概率能达到81%；只有11%的企业家认为别人的成功的概率是100%，却有33%的企业家相信自己成功的概率为100%。然而，后续的研究却发现，这些调查企业中有66%的企业是以失败告终的。这一点为具有过度自信特征的评价者对企业全面预算管理系统的自我评价与其实际情况存在偏差提供了进一步的解释，即估值的置信区间过小很可能导致具有过度自信特征的评价者高估本企业全面预算管理成熟度。

基于以上三点的分析（如图4-3、图4-4所示），可以看出具有过度自信特征的评价者更容易高估企业全面预算管理成熟度，由此提出假设4-1。

假设4-1：具有过度自信特征的评价者更容易高估企业全面预算管理成熟度。

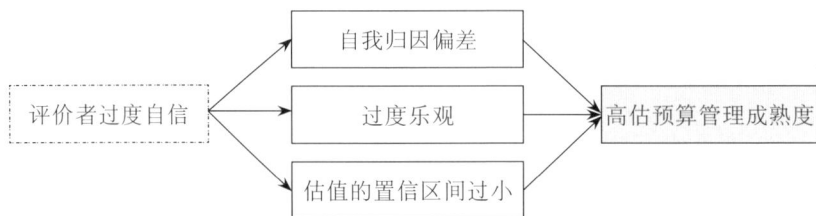

图 4-3 预算管理评价者过度自信与高估企业全面预算管理成熟度的关系分析

假设 4-1a：直接负责预算工作的评价者比其他评价者更容易高估企业全面预算管理成熟度。

假设 4-1b：管理人员比基层员工更容易高估企业全面预算管理成熟度。

假设 4-1c：工作年限越长的评价者越容易高估企业全面预算管理成熟度。

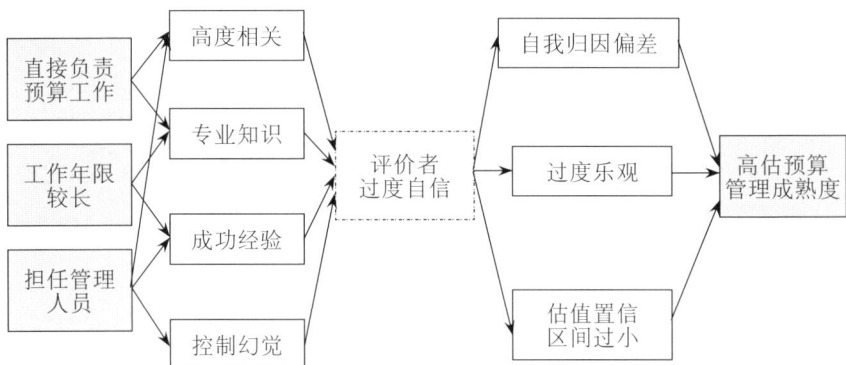

图 4-4 预算管理评价者特征与高估企业全面预算管理成熟度的关系分析

4.2.3 产权性质、过度自信特征与高估预算管理成熟度

国有与非国有企业中评价者过度自信特征与高估企业全面预算管理成熟度的关系可能因为以下两点原因产生差异：

第一，国有上市公司存在所有者缺位问题。国有企业的第一大股东是"国家"这一虚体，而各级政府官员作为所有者代理人，他们对经营决策监管效果是有限的。相比之下，非国有企业中并不存在所有者缺位这一现象，因此能够对企业行为进行有效的监督（孙光国，2014）。而公司治理结构是过度自信的影响因素之一，在股权集中度较高，企业监督机制不够完善的情况下，会导致人员过度自信的心理难以得到及时的矫正；相反，在监督机制比较完善的企业中，管理人员过度自信心理会因为外部环境制约而减弱（Morck，2007）。因此，非国有企业的评价者过度自信心理因为受到有效的监督而减弱，国有企业评价者则因为监督机制的不完善而更容易高估企业全面预算管理成熟度。

第二，相对于非国有企业，国有企业人员与其全面预算管理系统的相关程度更大。2003年《中央企业负责人经营业绩考核暂行办法》的发布明确规定国有企业要将预算目标作为业绩考核的标准。2011年、2012年国务院国资委又先后下发《关于进一步深化中央企业全面预算管理工作的通知》《关于中央企业开展管理提升活动的指导意见》，进一步要求央企加紧推进全面预算的实施进程，提升企业的整体管理水平。大多数非国有企业虽然也会预算作为主要的考核指标，但是没有强制性的压力。由此可见，相对于非国有企业，国有企业人员在预算管理方面面临着来自国资委硬性要求的压力，管理人员的业绩与其预算指标的实现高度相关。因而国有企业预算管理人员更加关注企业全面预算管理系统，而人们在与其高度相关或关注的事情上更容易受到过度自信心理的影响（Moore and Kim，2003）。

基于以上两点分析，提出假设4-2。

假设4-2：与非国有企业相比，国有企业评价者的过度自信特征与其高估本企业全面预算管理成熟度的正相关关系更显著。

4.3　实验研究设计

4.3.1　样本选择与数据来源

（1）实验背景

为了保障研究结果的现实意义和外部效度，研究选择自然实地实验[①]，即场景实验的基础上结合了随机化和真实性，受试者在不知道被实

---

① Harrison 和 List（2004）根据实地实验对传统实验室实验的偏离程度和实验中的六个关键因素，将实地实验划分为三种类型，分别是人造（artefactual）实地实验、场景（framed）实地实验和自然（natural）实地实验。

验的情况下从事行为决策，避免了其他实验类型的伴随问题，与自然生成数据具有同等的接近现实性（姜树广和谯倩，2004），而非实验室实验的方法①。考虑到任何实务中的个体明显意识到自己被调查时，其行为表现可能与现实世界中的行为表现不同，选择了该实验嵌入在一项财务咨询公司为其客户提供的预算管理咨询服务活动中，被试人对研究内容并不知情，实验组（高估组）和对照组（未高估组）由实验结果自然产生。

样本选择和数据采集的具体方法如下：实验设计严格根据自然实地实验的六个关键因素设计（Harrison and List，2004）。与北京元年科技股份有限公司②合作，借助该咨询公司对其客户实施的"企业全面预算管理成熟度测评"活动作为自然实验场景，观察实验对象，采集实验数据。最终有56家企业的调查数据（以结构化问卷的形式采集）在规定的时间内主动提交，有11家企业经过联络员催促后，提交了调查数据，其中，有1个样本公司管理评价者未给出"自我评价"的信息，该样本被剔除，剩余67个样本。

（2）实验目的

实验目的是调查中国企业预算管理人员在对企业预算管理成熟度评价时的态度，即预算管理评价者是否会高估企业预算管理水平，并探求和比较高估组和未高估组的样本组间在被试人过度自信特征、产权性质、企业预算管理实践活动等方面的差异。为此，实验要求被试者提供企业全面预算管理成熟度测评模型所要求的99项企业预算管理实践活动的实现情况、对企业全面预算管理水平综合评价以及被试人工作年限、岗位、职位等基本信息。

（3）实验过程

实验在合作的财务咨询公司进行，参与者为接受实验邀约样本企业预算管理相关人员和财务咨询公司中负责每个样本企业预算咨询的项目经理或核心咨询师。其中，咨询师担任实验的"联络员"，每一个样本公司的

①　实验研究根据实验场所的不同，分为实验室实验和实地实验。实地实验是指在实际情景中进行的实验，也称现场实验（吴溪，2012）。

②　该公司属于专业从事预算咨询的上市公司，具有200家以上的、涉及各行业的中大型客户，这些客户在各自行业中具有相当的代表性，并建立了完善的现代企业制度，管理规范流程清晰，具备本次实验所要考察的要素。样本公司的预算实施均由该咨询公司的咨询团队完成，因此其预算相关数据具有较高的可比性。

实验均由咨询师和样本企业预算管理评价者完成。

首先，为了保障实验结果如实反映企业全面预算管理的实际情况，研究人员对每个客户联络人进行现场培训和电话会议培训，对需要被试人提供的每一个预算管理实践题项进行详细的解释，确保咨询师对所需填写的题项不存在理解上的障碍。

然后，将企业评价者需要填写的信息以问卷的形式发放给咨询师，请被调查企业的咨询师根据自己对企业预算管理实际情况的了解做出判断，并反馈给课题组，然后再将问卷发给被调查企业的评价者。评价者对问卷的填写是其日常专业学习和经验的自然延伸，在此期间通过电话、网络平台跟进问卷。收回被调查企业填写的问卷后，我们对企业评价者提供的信息与咨询师提供的信息进行一一核对，并对不一致的情况再次与咨询师确认，最终由咨询师与被调查单位评价者讨论确定最终选项。

最后，根据企业评价者填写的信息，运用CBMM模型测试出其企业全面预算管理的实际成熟度，并出具《企业全面预算管理成熟度测评报告》。研究人员对比被试人对企业全面预算管理成熟度自我评价与其实际等级对样本企业进行分组，如果前者高于后者，则为高估组，否则为未高估组。通过讨论高估组与未高估组之间在评价者过度自信特征、产权性质、企业预算管理实际情况等方面的差异检验假设。

4.3.2　研究模型与变量定义

为检验本章提出的假设，我们设计了模型（4-1），公式如下：

$$Overvalu = \beta_0 + \beta_1 Overcon + \beta_2 Grade + \beta_3 Ownership + \beta_4 Trade + \\ \beta_5 Scale + \beta_6 Area + \xi \tag{4-1}$$

其中，Overvalu 表示高估企业全面预算管理成熟，高估组取值为1，未高估组取值0。Overcon 表示评价者的过度自信特征，包括 Direct、Position、Length。其中，Direct 表示评价者是否直接负责预算工作，根据南京大学会计系课题组（2001）的调查结果，我国企业预算管理机构大都设在预算部门、财务部门或计划部门，因此如果评价者属于财务部门、预算部门或者计划部门，则直接负责预算工作，Direct 取1，否则取0。Position 表示评价者是否为管理人员，如果评价者属于管理人员，则取1；

如果评价者为基层员工，则取值0。Length取值为评价者的工作年限，大于平均年限（5年）则取1，否则取0。此外，根据以往关于预算管理的研究，还控制了Grade（等级）、Ownership（所有权）、Trade（行业）、Scale（规模）、Area（地区）。Grade表示企业全面预算管理的实际成熟度等级，企业全面预算管理的成熟度越高，等级越高，依次取值1、2、3、4、5。Ownership（所有权）：国有企业取1，非国有企业取0。Trade（行业）：制造业和建筑业取1，否则取0。Scale（规模）：按照企业规模大、中、小分别取值3、2、1。Area（地区）：东部地区取值1，中西部地区取值0。文中模型变量定义见表4-1。

表4-1 模型变量定义

变量类型	变量名	变量定义	计量方法
被解释变量	Overvalu	高估	高估组取值1，未高估组取值0
解释变量	Overcon	过度自信特征	Direct、Position、Length
	Direct	是否直接负责预算工作	评价者的岗位为预算部、财务部或者计划部则取值1，否则取值0
	Position	是否为管理人员	评价者为企业的管理人员则取值1，否则取值0
	Length	工作年限	评价者的工作年限高于平均年限（5年）取值1，否则取值0
控制变量	Grade	预算管理成熟度等级	被试企业预算管理成熟度等级，由低到高取值1、2、3、4、5
	Ownership	所有权	国有企业取1，非国有企业取0
	Trade	行业	制造业和建筑业取1，否则取0
	Scale	规模	小规模取1，中规模取2，大规模取3
	Area	地区	东部地区取1，中西部地区取0

4.4　实证检验及分析

4.4.1　描述性统计

首先对样本进行了描述性统计。描述统计量表见表4-2。样本公司中有52%的评价者高估了其全面预算管理成熟度水平，此外，发现15%的评价者低估了其全面预算管理成熟度水平，仅有33%的评价者对其全面预算管理成熟度水平的认知不存在偏差，反映了评价者对其企业的预算管理实施效果存在较为普遍的认知偏差，其中高估现象更为严重，这也为研究的必要性提供了进一步的证据。

表4-2 描述统计量表

变量	极小值	极大值	均值
Overvalue	0	2	0.52
Direct	0	1	0.84
Position	0	1	0.73
Length	0	1	0.63
Grade	1	5	2.25
Ownership	0	1	0.46
Trade	0	1	0.58
Scale	1	3	2.75
Area	0	1	0.73

4.4.2 均值差异检验

检验高估组和未高估组样本中评价者的过度自信特征均值是否有显著差异，结果见表4-3。从表4-3中数据可见相对未高估组，高估组中评价者是否直接负责预算工作、是否为管理者的均值更高，且差异显著，说明评价者是否直接负责预算工作以及是否为管理者会影响企业预算管理成熟度的高估，这与假设4-1a、4-1b相符，而对于工作年限未发现显著差异。

表4-3 均值差异检验

变量	高估组均值　N=35	未高估组均值 N=32	T检验	
			t	p
Direct	0.97	0.69	−3.266	0.003
Position	0.89	0.56	−3.094	0.003
Length	0.69	0.57	−0.974	0.334

按照产权性质分类的结果见表4-4，发现相对于非国有企业，国有企业中评价者是否直接负责预算工作、是否为管理人员的均值差异更大且更为显著，这说明评价者是否直接负责预算工作、是否为管理人员影响高估的效应主要存在于国有企业中，这与假设4-1a、4-1b相符。但是，工作年限均值均不存在显著的差异。

表4-4　　　　　　均值差异检验-国有企业VS非国有企业

企业产权性质	变量	高估组均值	未高估组均值	T检验	
				t	p
国有企业	Direct	1.00	0.46	3.742	0.003
非国有企业	Direct	0.94	0.79	1.346	0.188
国有企业	Position	0.89	0.38	3.156	0.005
非国有企业	Position	0.92	0.53	2.686	0.019
国有企业	Length	0.67	0.62	0.285	0.778
非国有企业	Length	0.47	0.74	1.640	0.111

4.4.3　相关性分析与多重共线性诊断

使用Spearman简单相关系数检验方法对变量之间的相关性进行了检验。高估与评价者是否直接负责预算管理工作之间的相关系数为0.38，且在1%的水平上显著，初步验证了假设4-1a；变量高估与评价者是否为管理人员之间的相关系数为0.46，且在1%的水平上显著，初步验证了假设4-1b；变量高估与评价者工作年限之间的相关系数为0.12，但是并不显著，假设4-1c没有得到验证。在进行Logistic回归前，进行多重共线性诊断。变量的容忍度偏差的最小值为0.732，大于0.1，方差膨胀因子最大值为1.286，小于10，所以变量不存在多重共线性。

4.4.4　Logistic回归分析

（1）过度自信特征与高估企业预算管理成熟度的Logistic回归分析

为了检验假设1，对模型进行logistic回归，结果见表4-5。控制了其他变量后，评价者是否直接负责预算工作的回归系数为3.22，在5%的显著水平上显著，验证了假设4-1a；评价者是否为管理人员的回归系数为3.23，在5%的显著水平上显著，验证了假设4-1b；评价者工作年限的回归系数为0.10，但是并不显著，假设4-1c没有得到验证。同时，还发现企业全面预算管理成熟度等级即"Grade"的系数为负数，在1%的显著水平上显著，可见高估现象主要存在于企业全面预算管理成熟度较低的企业中。

表4-5 评价者过度自信特征与高估预算管理成熟度之间关系的检验

变量	（1）	（2）	（3）	（4）	
	Overcon	Overcon	Overcon	Overcon	Exp（B）
Direct	3.02** （4.93）			3.22** （3.91）	25.28
Position		3.06** （6.92）		3.23** （5.07）	25.16
Length			−0.38 （0.22）	0.10 （0.01）	1.10
Grade	−2.69*** （13.77）	−2.70*** （13.47）	−2.60*** （15.90）	−2.77*** （11.02）	0.06
Ownership	0.97 （1.00）	0.56 （0.31）	0.69 （0.63）	0.40 （0.10）	1.49
Trade	1.69 （1.98）	0.89 （0.70）	1.09 （1.26）	1.18 （0.78）	3.27
Scale	0.50 （0.19）	1.46 （2.58）	0.64 （0.60）	1.34 （1.19）	3.82
Area	3.91** （6.10）	2.29* （3.37）	3.12*** （6.90）	2.70 （2.64）	14.84
Constant	−2.46 （0.36）	−2.99 （1.14）	0.75 （0.10）	−5.83 （1.48）	0.00

注：*、**、***分别代表统计量在10%、5%、1%水平上显著，括号中的数值为Wald值。

79

（2）过度自信特征、产权性质与高估企业预算管理成熟度的Logistic回归分析

为了检验假设4-2，把样本按产权性质分为国有企业和非国有企业两组，分别进行Logistic回归，结果见表4-6。在国有企业中，评价者是否直接负责预算工作的回归系数为2.627，在5%的显著性水平上显著；在非国有企业中，评价者是否直接负责预算工作的回归系数为1.765，但是并不显著。在国有企业中，评价者是否为管理人员的回归系数为4.036，在1%的显著性水平上显著；在非国有企业中，评价者是否为管理人员的回归系数为3.336，但是并不显著，假设4-2得到验证。

表4-6　评价者过度自信特征、产权性质与高估预算管理成熟度之间关系的检验

变量	国有企业		非国有企业	
	（1）	（2）	（1）	（2）
	Overcon	Overcon	Overcon	Overcon
Direct	2.627** （4.034）		1.765 （0.269）	
Position		4.036*** （6.729）		3.336 （1.746）
Grade	−1.564** （5.301）	−1.575* （4.662）	−3.738*** （8.731）	−3.931*** （8.513）
Trade	0.527 （0.120）	1.592 （0.748）	1.817 （1.113）	0.744 （0.157）
Scale	0.576 （0.241）	1.733 （1.828）	0.398 （0.031）	1.023 （−0.164）
Area	1.896 （1.269）	2.503 （1.604）	2.066 （0.389）	1.209 （0.254）
（常量）	−1.448 （0.172）	−6.283 （2.296）	2.560 （0.128）	1.692 （0.047）

注：*、**、***分别代表统计量在10%、5%、1%水平上显著，括号中的数值为Wald值。

（3）稳健性检验

为了增强实证结果的可靠性，后续研究中，我们又通过相同的方式收集到22个样本公司的全面预算管理的信息，在一定程度上扩大了样本规模，运用Logistic回归的方法对新的样本进行了回归分析，结果均与前文一致。此外，考虑到尽管以往研究表明"行业"是影响预算管理实施的因素之一，但是数据显示"行业"与"高估"的相关性较低，故删除了此变量进行了同样的检验，结果与前文一致。

4.4.5 对高估预算管理成熟度的关联因素的进一步探索

高估组和未高估组的差异除了预算管理系统外部因素的影响，还有来源于公司预算管理体系内部的具体实践。为了对后续研究提供更多的研究线索和新问题，我们对样本企业的99项预算实践活动也进行了深入的挖掘。我们进一步比较了高估组和未高估组在预算管理系统内部各要素之间是否存在显著的差异，试图探索哪些预算管理实践活动的特征可能与评价者高估自身管理成熟度有关。为此，通过均值T检验的方式探索高估组与未高估组在哪些预算实践方面存在显著的差异。结果显示：在99项预算管理实践活动中，表4-7所示的20个实践活动中的高估组得分显著低于未高估组（见表4-8）。同时，没有发现高估组得分显著高于未高估组的实践题项。

在预算环境方面，发现高估组在预算定位和预算组织方面的得分显著低于未高估组，我们大胆推测：如果企业战略的清晰度和企业高层对预算管理工作的关注程度较低，有可能导致企业预算管理的实际水平和效果比管理人员所期望或认为的要差。这一推论符合战略预算理论的观点，在预算咨询实践中，我们也体会到将预算管理上升到战略高度和"一把手"工作的重要性。

在预算标准方面，发现高估组在预算假设与前提、年度预算模型、长期预算模型和滚动预算模型方面的得分显著低于未高估组。那么，能否做如下推测：企业在销售价格、生产能力、期间费用、销售费用以及投资改造和现金流预测方面缺少科学的模型支持，同时缺乏长期预测和滚动预算方法的使用，企业预算管理的实际水平和效果可能并没有"看起来"那么好。

表 4-7 高估组与未高估组差异的题项说明

题项编号	要素	控制域	实践内容
1	预算环境	预算定位	企业具有清晰的战略规划和目标
4			企业每年预算工作开始之前进行战略回顾
7		预算组织	预算领导和决策机构进行实质性的而非走形式的预算决策，包括审议和批准预算
19	预算标准	预算假设和政策	预算编制前，预算牵头部门组织相关部门共同确定各业务、各部门、各预算项目的预算政策
23			预算编制前，各个业务部门及财务部门等首先根据内部历史经营情况总结分析及外部环境研究确定预算假设
34		年度预算模型	企业有基于自身行业特点的销售价格预测方法
37			企业有生产能力及负荷率规划模型
51			采用基于作业量的方法对可以确定动因的期间费用进行预算
38			企业编制重点物料的采购量和采购价格预算
39			企业编制重点供应商的供货量和供货价格预算
56			企业有反映自身现金流特点和管理重点的现金预算模型
65		长期预算模型	企业编制中长期的业务目标规划
74		滚动预测模型	企业有完善的滚动预算模型，定期进行滚动预测，指导实际业务
75			建立滚动预测与战略规划的互动机制，根据战略规划编制长期滚动预算，并实现战略规划的动态更新
82	预算流程	改进措施	企业建立并执行了预算差异调查、整改落实和跟踪评价的管理制度
16		预算制度	编制预算制度文件，下发各预算单位
89	预算沟通	信息沟通渠道和频度	预算管理机构与预算单位实现不定期的正式或非正式的沟通，有明确的预算会议沟通制度和沟通渠道
90			预算管理机构与预算单位之间，以及预算单位之间进行频繁地的多种形式的沟通（如预算分析会、预算质询会等以及经常性信息反馈），沟通效果好，及时反馈预算执行信息及差异原因等
98	预算监督	预算工作效率	预算能够有效帮助提升企业业务工作效率
83		预算偏差	主要预算项目偏差率在 10%~30% 范围内

表 4-8　　高估组与未高估组在实践项目上的均值 t 差异检测结果

题项编号	成熟度被高估 均值	成熟度没有被高估 均值	均值差值	T检验	
				t	p
1	2.09	2.50	−0.41	−2.317	0.024
4	1.74	2.25	−0.51	−2.261	0.027
7	2.14	2.59	−0.45	−2.379	0.020
19	1.91	2.41	−0.50	−2.615	0.011
23	1.80	2.25	−0.45	−2.419	0.018
34	1.83	2.41	−0.58	−3.144	0.003
37	1.09	1.69	−0.60	−2.281	0.026
51	0.83	1.75	−0.92	−3.890	0.000
38	2.03	2.56	−0.53	−2.506	0.015
39	1.49	2.22	−0.73	−2.805	0.007
56	1.51	2.22	−0.71	−3.074	0.003
65	1.60	2.09	−0.49	−2.251	0.028
74	1.00	1.50	−0.50	−2.164	0.034
75	0.74	1.44	−0.70	−3.210	0.002
82	1.26	1.91	−0.65	−2.687	0.009
16	1.91	2.63	−0.72	−3.422	0.001
89	1.63	2.19	−0.56	−2.631	0.011
90	1.40	1.88	−0.48	−2.363	0.021
98	1.43	1.88	−0.45	−2.269	0.027
83	1.46	1.94	−0.48	−2.227	0.029

83

　　在预算流程方面，发现高估组在改进措施和预算制度方面的得分显著低于预算管理成熟度没有被高估的样本企业。这可能证实了一些实务工作者的经验：要想达到预算管理预期的成熟程度，企业在预算差异调查、整改落实和跟踪评价方面以及切实落实预算制度文档化工作方面，要实现

"落地"。

在预算沟通方面，高估组在信息沟通与频率方面的得分显著低于没有被高估的样本。这可能再次证明了缺少有效的信息沟通渠道，沟通不充分，会降低预算管理的实际效果，同时，也会导致预算管理人员在"自娱自乐"中"盲目乐观"（刘凌冰等，2016）。

在预算监督方面，高估组在预算工作效率和预算偏差方面的得分显著低于未高估的样本。可以看出，有些企业的预算管理部门的人员存在较为明显的"控制幻觉"，即使预算偏差较高，预算对业务部门的决策没有提供更多的帮助，预算管理人员仍然自我感觉较为良好。

4.5　　研究结论与建议

4.5.1　研究结论

本书采用自然实地实验的方法，通过和分析观察企业预算管理相关人员在"企业预算管理成熟度测评"活动中的行为活动，运用描述性统计、均值 T 检验、相关性分析和 Logistic 分析等工具，检验了评价者的过度自信特征（是否直接负责预算工作、是否为管理人员、工作年限）与高估企业全面预算管理成熟度之间的关系，并研究了产权性质对这种关系的影响。研究得出以下结论：

第一，样本公司中 52% 的评价者高估了本企业的全面预算管理成熟度。由此可见，评价者对企业全面预算管理认识不足，高估企业全面预算管理成熟度的现象普遍存在，这一发现与杨雄胜等（2001）问卷调查的结果一致。评价者高估预算管理成熟度可能与预算管理的理论演进有关。在形成期，预算管理由过去单纯的成本控制扩展为对财务资源的规划、协调与控制；在发展期，预算管理发展为全面预算这一综合性的管理系统，并且加强了与外部环境的互动；在改进期，传统预算管理框架与先进的管理控制理念和信息技术的结合，使传统预算与组织环境更加匹配；在超越期，则强调预算管理与战略要素的结合（韩倩倩和潘爱玲，2010）。预算管理评价人员很可能将全面预算管理等同为传统的财务预算，进而高估企业全面预算管理成熟度。

第二，评价者过度自信特征中，直接负责预算工作的人员和高级别的管理人员更倾向于高估企业全面预算管理成熟度。尽管未能证明工作年限长与高估企业全面预算管理成熟度之间的显著关系，但研究结果依旧可以说明过度自信特征越明显，越容易高估企业全面预算管理的实际水平。这一结论延伸了过度自信理论在企业预算管理的应用，丰富了预算管理的相关研究。

第三，评价者过度自信特征与高估企业全面预算管理成熟度之间的关系受到产权性质的影响。相对于非国有企业，国有企业中的评价者是否直接负责预算工作、是否为管理人员与高估企业全面预算管理成熟度之间的正相关关系更加显著。说明国有企业管理者更倾向于夸大企业管理的实际水平和成效，建议国有资本监管者关注这一特征。

此外，我们还进一步发现，高估预算管理成熟度企业在战略预算、预算模型构建、长期预测和滚动预算应用、预算调整与改进、预算沟通、预算对业务活动的指导作用、预算偏差控制等具体预算实践活动方面相对表现不佳。

4.5.2　管理建议

第一，预算管理相关人员在评价本职工作取得的效果，可能存在高估的情况。过度自信特征越明显的预算管理人员越容易高估本职工作的成绩和效果，容易产生"盲目乐观"和自满情绪。因此，在听取预算管理部门工作汇报或了解企业预算管理情况时，应考虑预算管理人员是否存在高估企业全面预算管理成熟度的个人特征，如该人是否直接负责预算工作，是否处于较高职级的管理岗位等。合理估计企业预算管理实施的实际效果，及时发现不足，虚心加以完善。

第二，鉴于产权对评价者过度自信与高估企业全面预算管理之间的关系的影响，建议国有资产管理部门应健全监督机制，敦促国有企业管理者切实加强企业全面预算对国有企业的监督。切实了解国有企业实际管理水平，防止偏听误信，将国有企业考核落到实处。长期以来，国有上市公司

85

改革缓慢，所有者缺位、内部人控制现象严重，造成管理层权力过大，没有形成董事会与管理层相互监督的机制，导致个人的认知偏差对公司的预算管理系统的评价造成很大的影响。国有企业在不断加强对预算管理的重视程度的同时，也必须增强对领导班子的监督，保障预算管理在企业经营决策中发挥应有的作用。同样，国资委在考核国有企业全面预算管理系统的成熟度时，注意因评价者过度自信造成高估企业全面预算管理成熟度的可能性。

第三，在企业全面预算管理成熟度等级较低的企业中，对企业预算管理系统认识不足的现象更为严重，评价者过度自信也更可能导致其高估企业全面预算管理成熟度，从而又阻碍了预算管理的发展。因此，在预算管理成熟度较低的企业中，企业应该不断加强相关人员的培训、考核，增强对企业全面预算管理的科学认识和对企业全面预算管理实际情况的全面了解，避免评价者高估现象的发生。

第四，企业应该通过培训等方式不断加强企业人员对企业全面预算管理的全面认识，防止评价者因忽略预算管理中的某些元素（例如预算定位与组织、预算假设和政策、年度预算模型、滚动预算模型、改进措施、预算制度、信息沟通与频率、预算工作效率、预算偏差等），而高估企业全面预算管理成熟度，阻碍企业预算管理体系的不断完善和发展。

第 5 章

预算管理成熟度演进和意义建构研究

5.1 —— 开展预算管理成熟度演进和意义建构研究的意义 ——

中国企业的预算管理实践是在借鉴西方管理会计理论基础上，带着明显的本土化特征逐渐发展演变的，先后经历了计划经济时代特殊的全面预算、责任成本核算、财务预算等发展阶段，并逐渐突破传统计划和以内部生产为主的模式，向基于战略的全面预算管理层次发展。

在预算管理进入世界各国企业实践领域的近百年发展中，对预算管理的质疑从未间断过。特别是，随着企业规模越来越大，结构越来越复杂，预算管理的改进和去留问题愈发引起广泛的讨论。国内外一些学者因为预算管理的负面效应对预算管理的功能提出质疑，甚至主张废除预算这种管理形式（吴文婕和陈菊花，2007）。但加拿大的一项调查（Libby and Lindsay，2010）显示，预算管理系统依旧是企业控制系统的核心部分，加拿大的企业家们正在竭力克服其不足，着力改进。

前期研究发现，之所以预算管理实施是个难题，是因为影响预算管理实施效果的因素相当多，既有技术方法层面和组织环境层面的因素，也有心理行为层面的因素（李志斌，2006）。企业文化（Ueno and Sekaran，1992），企业内部控制环境（张先治和翟月雷，2010），领导能力

（Brownell，1986），组织结构（Frow等，2005），组织战略定位（Kung等，2013），个体风险偏好（刘俊勇，2011），考核执行，预算氛围（邓传洲等，2008），经理的工作经验（Nasser等，2011），培训投入（Venkatesh and Blaskovich，2012），预算计划模型（Kung等，2013）对预算效果均有重要的影响。如果在实施预算管理时只注重技术方法或者目标结果，比如仅强调严格执行预算目标，不但不能对企业经理人产生有效的激励作用，反而使经理人的盈余管理动机更为强烈（佟成生等，2011）。Argyris（1952）认为，提高企业基层人员的预算参与度将提高管理业绩和预算报告的决策价值[1]；Brownell（1986）则认为效果还取决于参与人的能力。然而，有研究发现，过多的预算参与会导致"预算松弛"行为的存在，阻碍了预算控制效果的发挥（Lowe and Shaw，1968）。可见，现有的预算理论无法有效解释预算参与如何影响预算管理的实施效果。相比单体企业，集团企业的环境更加复杂，多元化程度高，二级子公司因具有独立的法人地位而具有较强的独立性，形成集体认知和行为的难度更大。集团企业的环境和预算管理实施的复杂性使研究人员在总结具有普遍意义的成功因素或关键过程机制时，遇到更大的困难。于增彪等（2004）的研究发现，预算管理在我国集团公司整合中发挥的作用非常有限。作为一项新的管理技术，如何能快速有效被企业各级人员接受呢？创新扩散理论[2]（Rogers，1995）认为，创新技术本身的特征、组织状态和外部环境三大因素影响了组织及其成员对一项新技术或改革的认知程度和接受速度，对一项新技术或改革的认知程度也决定了这项新技术或改革能否成功被组织接纳并迅速得到应用（Tornatzky and Fleischer，1990）。从这个意义上来讲，人们对预算管理的认知程度是影响企业预算管理实施效果的关键因素，而认知的形成，则有赖于企业的意义建构过程（Gosain，2004；Van Fenema et al.，2007；陈文波等，2011）。

由此，我们认为，由于意义构建是在不同企业预算管理实施的各种个性化条件之外的一个普遍存在的因素，是认知活动的主要形式，对人的认

---

[1] 毛洪涛，程军，邓博夫.预算报告编制参与调整及其决策价值 [J].会计研究，2013（8）：81-88.

[2] "创新扩散理论"考察了创新扩散的进程和各种影响因素，总结出创新事物在一个社会系统中扩散的基本规律，即采纳创新者的数量随时间而呈现出S形的变化轨迹（又称S-曲线理论）。

知活动及预算管理意义建构的探索，或许能够对复杂环境下的企业预算管理实施的研究带来一些新的线索和启示[①]。由于意义建构活动与预算参与者认知及其参与行动的密切联系，研究预算管理实施中的意义建构，有可能在一定程度上回答预算参与究竟如何影响预算管理的实施效果这个长期以来一直困扰学术界的理论问题。

遗憾的是，目前在探索预算管理意义建构过程与企业预算管理水平方面还存在着研究缺口。究其原因，主要是研究样本存在严重的局限性。由于我国企业预算管理起步较晚、整体水平较低，企业发展命运多舛，要找寻预算管理发展历程较长、发展阶段完整、具有典型性的本土企业案例作为研究对象，实属不易。在本书中，我们以神华集团有限责任公司（以下简称神华集团）从 1998 年至 2014 年期间该企业预算管理的实施历程为案例对象，探讨了 16 年中企业在经济危机、国企改革、企业兼并扩张和企业信息化等内外部环境不断变化的条件下，预算管理实施中组织意义建构的过程及预算管理实施效果，旨在探索组织的意义构建行为如何通过改变组织成员对预算的认知和行为来改变预算实施效果的一般规律。

89

5.2　　理论基础与分析

5.2.1　理论基础

意义建构（sensemaking）是指组织认识内外部情境，建立对情境的集体理解的过程[②]（Dervin，1983）。意义建构理论（sensemaking theory）是信息行为学中的重要理论之一，旨在揭示人在接受信息时的行为本质。意义建构理论中的"情境"有三层涵义：一是对同一用户、同一信息在不同环境中有不同意义；二是在同一环境中，不同用户对同一信息有不同理解；三是信息接受者所理解的信息含义不完全等同于信息生产者的本意。根据

[①]　我们检索了中国知网和 PreQuest 数据库中的全部文献，未检索到研究企业预算管理中意义建构的相关文献（截至 2015 年 6 月 18 日）。

[②]　意义建构理论是 20 世纪 70 年代美国学者 Brenda Dervin 在建构主义学习理论的启发下提出的，经过 8 年的调查研究最终形成理论。DERVIN B. An overview of sense-making research: concepts, methods and results [Z]. Working Paper, 1983. Paper presented at the annual meeting of the International Communication Association Annual Meeting, Dallas, Texas, USA, May 1983.

意义建构理论，人也不只是被动、消极、机械的信息观察者和接受者，信息是由个人建构而成的主观产物。信息的意义建构是内部行为（即认知）和外部行为（即过程）共同作用的结果。意义建构理论的核心内容是信息不连续性、人的主体性以及情境对信息渠道和信息内容选择的影响。

Weick（1993）最早在组织研究中引入意义构建的概念，将意义建构思想延伸至组织危机与组织变革两种情境。在变革情境中，组织决策者通过意义建构活动感知内外部环境并形成变革思想，并根据变革特质采取相应的意义赋予策略将变革思想传递给组织非决策者（中间层级或基层）[①]。其中，中间层级可能是变革的推动力，也可能是阻碍[②]，中间层级需构建自身理解使意义丰富化，并通过意义建构和赋予将决策者的思想传递给基层。Weick（1995）认为，意义建构体现在个体和组织两个层面。在个体层面，当个体发现现行情境中有些事物不符合以往的认知，个体会利用经验回溯既往，以发现其中是否有造成认知差异的线索存在。在此基础上，再提出一些较为合理的推测来解释线索产生的原因，从而形成对事物新的认识（Weick et al.，2005）。与个体相似，组织面对不熟悉的情境时，也会对情境进行意义建构，力图认清和理解情境的意义，指导行动。在情境比较复杂且具有动态特征时，意义建构显得尤为关键（Weick，1995；Van Fenema et al.，2007）。因为在复杂动态的情境下，企业更需要通过意义建构统一认识，并基于这一集体认识采取行动。从这个意义上来说，对于集团企业预算管理这一复杂且随环境变化而不断变化的多层级系统，意义建构理论可以帮助和指导我们更好地理解人们接受信息的行为。在企业预算管理实施过程中，不同的意义建构活动和意义赋予方式，对预算管理实施结果具有重要影响。

Maitlis（2005）基于组织一般情境得出组织决策者和利益相关者的意义赋予水平差异会导致出现具有四种不同程度的控制性和活跃性的意义建构范式，陈文波等（2011）据此描述了组织意义建构的一般过程（如图5-1所示），这一过程主要包括意义建构的促发因素、意义建构过程和意义建构结果三个部分。意义建构通常由某些因素促发，促发因素包括以下

---

① GIOIA D A，Thomas J B. Identity，image，and issue interpretation：sensemaking during strategic change in academia ［J］. Administrative Science Quaterly，1996，41（3）：370-403.

② HUY Q N. Emotion balancing of organizational continuity and radical change the contributions of middle managers ［J］. Administrative Science Quarterly，2002，37（4）：634-665.

三类情形：一是对组织而言，所面对的情境是新奇的；二是组织的预期与实际观察到的现象之间存在差异；三是应对来自内部或外部的要求，如被要求对情境进行认真思考或解释（Louis and Sutton，1991）。

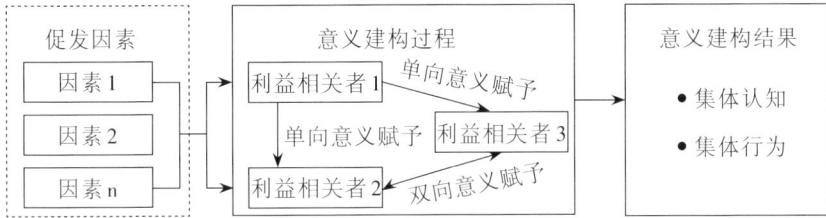

图 5-1　组织意义建构的一般过程（陈文波等，2011）

身处情境中的个体会从自身经验出发构建个体意义。但是，组织意义建构主要关注的是个体意义是如何形成集体意义的，因为只有集体意义才会导致集体行为。组织内不同个体（或者同一类型个体组成的不同主体）之间的互动是形成集体意义的主要方式（Weick et al.，2005）。在互动中，部分个体或主体会充当主要的意义建构者，通过意义赋予（即对意义建构施加影响从而导向特定的理解）将意义导向特定的方向（陈文波等，2011）（如图 5-2 所示，箭头代表意义赋予的方向）。

91

		受限的意义建构	导向明确的意义建构
管理层的意义赋予程度	高	过程特征：低活跃度；高控制 结果：统一的、狭隘的理解；一次性或具有高度计划性的多次活动 举例：通过召开精神传达会议说明某项政策的意义	过程特征：高活跃度；高控制 结果：统一的、丰富的理解；持续性、创新性活动 举例：通过正式与非正式的讨论形成行动决议
		最小程度的意义建构	分散的意义建构
	低	过程特征：低活跃度；低控制 结果：表面上的认识统一；一次性或目的模糊的活动 举例：管理层和下级部门忽视或者做表面功夫	过程特征：高活跃度；低控制 结果：多样的理解；多次且缺乏协调的活动 举例：管理层任由下级部门自行解释，各行其是
		低 　　　　　　　　　　　　　高	
		员工的意义赋予程度	

图 5-2　四种意义建构形式（Maitlis，2005）

Maitlis（2005）将意义赋予中的利益相关者抽象为管理层和员工两个主体，管理层的意义赋予行为体现了意义建构的控制性，因为管理层倾向于运用自己占优势的正式权力和正式渠道进行沟通与互动。而员工的意义赋予行为，则通常与意义建构的活跃程度相关，员工参与意义赋予行为的程度越高，意义建构就越活跃。同时，管理层和员工在不同参与程度下会产生不同特征的理解。Maitlis（2005）根据管理层和员工参与意义赋予程度的不同，对意义赋予的结果进行了四种分类，即最小程度的意义建构、受限的意义建构、分散的意义建构和导向明确的意义建构（如图5-2所示）。

第一类，最小程度的意义建构是控制程度和活跃程度都比较低的意义建构。这种类型的意义建构行为既无法产生统一的理解，也难以产生多样性的理解，表现为松散无序，难以形成集体行动。

第二类，受限的意义建构是控制程度高、活跃程度低的意义建构。这种类型的意义建构行为会导致企业对于情境的理解虽然统一但缺乏多样性，因此，最终行为虽然步调一致，但由于缺乏来自员工的参与，会导致持续改善与创新程度不够。

第三类，分散的意义建构是控制程度低、活跃程度高的意义建构。这种类型的意义建构行为会产生多样化的意义建构行为。这种情况下，由于缺乏统一协调，不同的利益相关者从自身理解出发构建对情境的理解，各自产生一系列片面或狭隘的理解，最终导致不一致的行动。

第四类，导向明确的意义建构是控制和活跃程度都很高的意义建构。这种类型的意义建构行为使组织对于情境的理解统一且很丰富，由于员工的积极参与，将实现持续改善与创新。

可见，意义建构及其结果受到控制程度和活跃程度的影响，而控制程度与活跃程度又与管理层和企业内其他利益相关者意义赋予的方式有关（Maitlis and Lawrence，2007）。

5.2.2 理论分析

集团企业的层级关系更加复杂，由于集团公司与二级子公司都是平等的企业法人，与单体企业的中层管理者相比，二级公司具有更强的自主性和独立性。集团公司对子公司的控制模式主要体现在股权控制上，对于非股权控制的子公司，控制能力更弱（高勇强和田志龙，2002）。可见，在集团企业内部，形成一致行为的难度更大。因此，在管理变革情境中，人们对信息的认知和接受的意义显得更加重大，集团企业的预算管理实施的效果更加依赖于意义建构活动和意义赋予方式。

基于上述对意义建构的概念分析和理论解释，引申至预算管理活动时，我们可以认为企业中开展的对预算管理意义建构活动是通过形成和影响企业管理层、预算部门人员和基层部门人员对预算管理这一管理工具的认知，而导致其产生相应的行为反应，使其参与预算的行为跟随内在认知的转变而发生实质性的变化，进而导致特定的预算管理实施结果，具体反映在预算管理不同发展阶段的特征上。这一运行机理如图5-3所示。

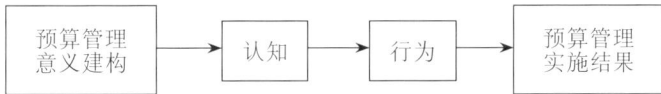

图5-3　预算管理意义建构的基本原理

此外，根据这一原理，我们也可以认为，预算参与行为之所以会对预算管理效果产生不同方向的影响[1]，其根本原因是，指导其参与行为的由不同意义建构活动形成的预算参与各主体的认知是不同的。

因此，要研究集团企业预算管理系统的发展演变，可以通过考察预算管理实施中的促发因素、建构过程、各类建构主体的互动方式等意义建构要素，以及它们与预算管理实施效果的关系。由此，识别企业预算管理实施中组织意义建构的过程，探索意义建构与预算管理演进的适配关系，了解复杂企业预算管理实施的一般规律。

5.3　研究方法

5.3.1　方法选择

预算管理系统实施受到技术层面、环境层面和心理层面等复杂因素的影响（李志斌，2006）。预算管理不仅被定位为战略目标贯彻和业绩评价

93

---

[1]　Schweiger和Leana（1986）回顾31篇关于预算参与的实证文献，其中9篇文献认为预算参与和管理绩效呈正相关，9篇认为负相关，13篇则认为不相关。

的角色，也充当了控制和决策信息的生产和服务系统的工具。预算管理系统的复杂性使得研究对象很难与特定情境相分离，最适宜采用长期的、第一手观察的形式，从近距离进行研究（陈向明，2000）。实地研究方法最适用于这类研究对象与情境难以分离的问题的性质研究，因此，我们选择以实地研究方法为主，结合案例法和文献分析法开展研究。

5.3.2　案例选择

研究的核心问题是"集团企业预算管理的发展进程中，成熟度的阶段演变与企业实施的预算管理意义建构活动之间的关系"。案例正式的研究调研工作是在神华集团聘用专业咨询公司进入企业开展全面预算系统优化咨询项目后一年，即2013年6月开始的。研究人员最初是以咨询师的身份进驻神华集团开展预算系统优化咨询服务。在完成第一阶段的咨询服务后，我们认为，神华集团的预算管理发展历史较长、发展演变的阶段较为完整、目前预算管理环境较为成熟，既具有中国企业预算管理的典型性，又具有独特之处，是开展集团企业预算管理研究的较佳案例。因此，我们决定将神华集团作为研究对象，开展企业预算管理实施的意义构建研究。

5.3.3　数据搜集

多渠道数据来源有助于进行"三角验证"（Eisenhardt and Graebner，2007），因此，研究数据资料主要通过三种来源途径：访谈，即半结构性访谈（访谈问卷）和开放性访谈（访谈提纲）；观察，即非参与性观察（咨询师）和参与性观察（企业财务负责人）；查阅文献资料。在数据搜集过程中，我们做出如下努力以提升数据信度水平：案例调研历时7个月，研究人员直接与企业集团的高层管理人员、二级公司的高层管理人员、集团及二级公司财务（预算）部门负责人、基层业务部门负责人等进行面对面或预约电话访谈，访谈人数为12人次（访谈有专人记录）；研究人员还与负责咨询项目实施的咨询师团队的1位项目经理和2位高级咨询师等进行多次访谈；此外，我们还委托咨询项目组1位项目助理，根据预定的内容与集团预算部门基层人员、二级公司预算人员、井下生产组组长等进行访谈，并将访谈内容以书面或录音形式转发给我们，受访者为20人左右。

在采访中，我们均声明保密条款，对于不愿意披露个人信息的受访者，我们根据受访者的意愿在文中隐去其个人信息。

由此，我们搜集了非常丰沛的信息，但这也为我们识别、整理数据带来较为沉重的负担。为此，我们采用大事年表的办法进行数据整合（魏江等，2014），并通过"三角验证"保证信度水平和平衡提取的关键数据。具体而言，就是以关键事件为分析脉络，整理不同阶段企业的意义建构活动证据，进而形成相对详实可信的案例资料，以供分析。

5.3.4　信度和效度

除了运用"三角验证"保障信度外，我们还遵循案例研究中保障信度和效度的方法（Yin，2004），通过形成证据链和印证核实（肖静华等，2015）等方法进行建构效度检验；通过根据逻辑框架分层做相应的解释说明进行内在效度检验；通过文献分析和同类案例对比进行外在效度分析；通过制订严密的研究计划和重复实施进行信度检验。

此外，借鉴 Eisenhardt（1989）的案例研究方法，我们通过在案例调研资料、专业文献、基础理论和过程模型四者之间解释和反演的过程，对案例实施了材料叙事、图形展示、归纳分类等研究手段。借鉴陈文波等（2011）对系统意义建构的案例剖析方法，首先，根据对神华集团预算管理实施历程的初步调研，甄别出企业在预算管理实施中存在四种不同的意义建构方式，并且在企业预算管理建设的不同时期，根据四种意义建构方式呈现方式的不同，按照其呈现的主要特征，对该企业预算管理发展阶段进行划分。根据上述四个阶段和意义建构方式，我们设计了半结构化的访谈问卷，对案例进一步深入挖掘。接下来，我们依据访谈收集的信息，对模型进行优化，去掉了语义不明和偏颇的变量，根据新证据补充模型缺漏变量。最后，我们将研究结果向企业高层领导、预算业务主管、业务部门主管和项目咨询师等关键用户反馈，在没有发现新证据调整模型前，我们认为模型达到了稳定状态。

5.4 案例企业简介

5.4.1 神华集团概况

神华集团有限责任公司（以下简称神华集团）是中央直管的国有企业，集团于 1995 年正式组建，初始注册资本 25 亿元。经历 19 年的发展，神华集团的总资产规模已超 6 千亿元，共有全资和控股二级子公司 21 家（其中包括上市公司 1 家），生产煤矿 62 个，投运电厂总装机容量 6 323.11 万千瓦，拥有 1 466.53 千米的自营铁路、1 亿吨吞吐能力的黄骅港、4 500 万吨吞吐能力的天津煤码头并拥有船舶 11 艘的航运公司，注册员工约 27 万人。神华集团业务横跨煤炭开采、发电、铁路、港口、航运、煤制油六大板块，是我国规模最大、现代化程度最高的煤炭企业和世界上最大的煤炭经销商，位列 2013 年全球 500 强企业中的第 178 位。

神华集团业务的特点是集团内各板块公司相互关联，形成了纵向一体化的产业链模式，煤炭从开采、铁路运输、下水、装船、海运直至发电和进一步深加工，企业资源在内部层层流转，构成一条超长且几乎完整的价值链条。神华集团强关联的产业链模式，在外部环境快速变化的情况下，既是企业取得竞争优势和规避经营风险的优势所在，也成为了集团战略贯彻和管理协同的最大"障碍"。神华集团管控面临几个挑战：一是产业链的纵向布局对集团的价值管理的挑战，上下游的协作交易所形成的集团内部市场和内部定价可能掩盖各二级公司的价值贡献能力，增大了财务管理的复杂性；二是多行业跨度对集团成本精细管理能力的挑战，神华二级公司跨越六大行业板块，各板块中还包括若干细分行业，这些行业间的经营管理存在巨大差异，极易形成管理需求与管理能力的不匹配；三是成员公司的来源结构复杂，成员公司的企业文化和管理风格差异很大，集团内部整合和管理协同的难度大；四是经营环境多变带来的挑战，经济周期的起落、国家宏观调控政策的不断调整对神华集团的生产和经营影响非常大，给企业制定预算目标和实施控制带来巨大难度。

随着集团规模不断地扩大，神华集团对集团管控能力提升的需求也越发迫切。在神华集团走过的 19 年中，预算管理在企业管控系统的机体中生长了 16 年，逐渐"开枝散叶"和成熟完善起来。随着企业的发展壮大，预算管理扮演的角色越来越重要。

5.4.2 神华集团预算管理的建设历程

神华集团最早引入预算管理是在 1998 年。从 1998 年至 2014 年，神华集团的预算管理系统建设历经了近 16 年，可划分成四个发展阶段，预算管理成熟度随之逐步提升。

第一阶段（1~2级）：预算管理植入阶段（1998—2003 年）

神华集团实施预算管理的历史最早可以追溯到 1998 年。1997 年，美国出现了经济萧条，影响了神华集团的海外市场业务，使企业经营的外部环境变得更加不确定；同时，集团成立后，规模急剧扩大，管理难度加大，企业内部管理控制也受到了严峻的挑战。内外部环境的激烈变化，促使集团公司高层开始谋求并引进新的管理手段，借以改变企业当时粗放型的管理模式，降低经营风险。偶然的机会，公司高层领导获悉某些企业采用了通过编报计划统计报告，对企业经营活动进行计划和管理的方法，于是决定模仿引进这种管理手段，预算管理的雏形在企业中开始启动实施，具体工作被指定由财务部负责。谈到当时计划报表的编制，神华集团二级公司神东煤炭公司财务部副经理说："我当时还在基层生产部门，负责填计划报表，就是简单的三四张表格。上头（指当时的集团财务部门）把我们找去开个会，教我们怎么填。我们回来，跟部门负责人汇报一下，剩下的事情就是自己看着'编'了。"当被问到根据什么填报计划数时，他说："我通常是把上年的报表找出来，再大约估计一下今年有没有大的变化，如果没有，就照上年的写。""反正也没人看，领导也不看，数字准不准确没人在意。"（一位曾在财务部门工作过的老员工）

除市场环境变化和模仿原因外，神华集团采用新的管理方法，也是受到国企改革时代背景的影响。众所周知，1998 年是中国国企改革的重要时期。1998 年 7 月，国家成立了"中共中央大型企业工作委员会"，引发对央企管理和监督的小高潮，也是神华集团这个大型中央企业加强企业管理的重要外在推动因素。

20世纪90年代，中国部分管理走在前列的企业刚刚开始接触管理信息化，但是，将信息化系统应用在预算工作上的寥寥无几。跟多数采用预算的企业一样，神华集团当时的预算也是在几乎全手工的状态下进行编制，用单机电脑的 Office 系统中 Excel 开发成预算表格，财务部指派人员负责整理、汇总基层报上来的报表，然后填写集团层面的汇总报表。集团财务部副总经理告诉我们："当时，总部汇总的预算报表大概有十几张吧，内容很简单，数据很粗略。我们做好后，交给财务部门的领导看一下就行了。因为大家知道这些数据都是下面基层部门粗略估计的，并没有什么准确的依据，所以，基本上也就是当作任务完成吧，当时的集团领导基本上不会根据这些报表做决策。"

至于对预算管理的理解，集团下属某二级公司财务部经理的看法是：当时部分财务部门的中高层人员，特别是一些比较年轻的财务主管，认识到预算管理的真正实施可以提升财务人员在企业管理中的地位和作用，如果企业高层能够大力推行的话，企业可以通过预算管理进一步提高经营效率。但是，当时的业务部门负责人和大部分的集团高层依然将精力集中在"抓生产，重安全"上，将预算工作完全当作是财务部门的事，认为预算管理实施好坏，取决于负责预算编制的人员的工作能力。

集团财务部每年年底都会召集各基层单位的财务部负责人开会，讨论明年的生产经营计划，会议通常由集团财务部主管主持。财务部门指派专人介绍和指导基层财务人员如何编报计划报表。财务部副总经理说："集团领导有时候会到场讲话，动员大伙儿要配合财务部门的工作，但是主要还是财务部门的人讲。"集团下属二级公司包头矿业的财务处处长告诉我们："我到总部开完会回来，跟我们领导说一下会议精神就行了，剩下的就是我们财务的工作了，领导也不会太多过问具体我们报了多少。"

由此可见，这一阶段神华集团预算管理实施中的意义建构的整个过程呈现明显的单向特征，即从集团管理层到预算部门再到业务部门。管理层和预算部门是预算管理意义的赋予者，业务部门是意义的被动接受者。这种单向灌输的意义建构过程使神华集团对于预算管理的集体理解主要体现为集团管理层和预算部门的理解，而这两类意义建构者的理解亦会因为二者间的单向赋予而形成较大的差异。这种类型的意义建构行为无法使管理层、预算部门和业务部门对预算管理形成统一的理解，其行为表现必然松散无序，无法形成有效的集体行动。

这一阶段神华集团预算管理的意义建构的促发，是由于集团管理层感觉到了改良企业管控系统和上级管理部门对央企管理要求提升的压力，以此想通过模仿其他企业的做法引入预算管理来缓解这些压力。但是，由于管理层对预算管理并没有正确的认知，于是将工作全权交给预算部门（财务部）；预算部门从自身的工作角度来诠释预算管理，在具体的实施中唱"独角戏"，没有管理层的足够支持，也没有业务部门的积极参与；同时，业务部门之间也无法形成有效的协作。可以说，这一阶段预算管理实施仅仅是一个形式上的模仿和预算系统机械"移栽"的过程。因此，该阶段预算管理在企业管理中所发挥的作用微乎其微。

第一阶段预算管理实施中的意义建构，如图5-4所示。

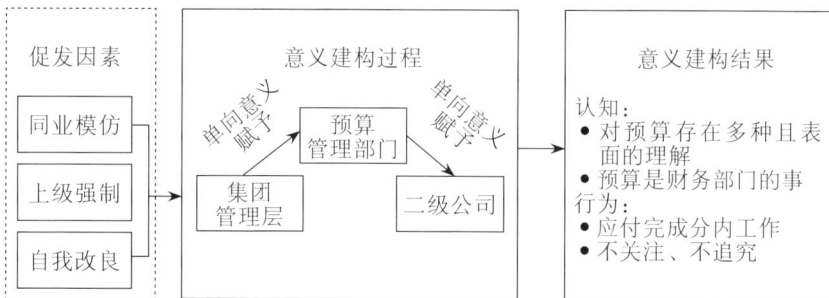

图5-4 预算管理植入（1~2级）阶段的意义建构

第二阶段（5级）：预算管理与管理控制系统融合阶段（2004—2008年）

2004年，受美国经济强劲复苏的影响，国际经济形势急速转好；国内经济也进入一个新的加速增长周期的上升阶段，以工业结构升级为特征的高速增长周期启动，重化工业的设备和技术开发投资巨大，出口增长强劲，消费需求迅速提升，能源产业也同样面临良好的发展机遇。2004年11月，由神华集团独家发起成立的中国神华能源股份有限公司在中国北京注册成立。中国神华H股和A股于2005年6月和2007年10月分别在香港联合交易所及上海证券交易所上市。

企业上市和市场环境向好，使神华集团高层意识到，企业应该抓住机遇谋求快速发展，同时，需要进一步精细化管理，强化集团的财务控制。于是，实施全面预算管理被提到集团领导层的工作日程上来。根据集团领导的要求，集团财务部多次召集各基层单位预算骨干开会讨论如何改进和在集团内部全面推行预算管理。在集团财务部的努力下，集团的预算管理体系建设得到一次较大的改进。企业参考了全面预算管理的要求，形成了预算管理组织体系，制定相关的制度文档，并且利用 Excel 自行开发了小型的预算报表系统。集团层面的预算管理内容和范围有所扩大，集团预算管理的复杂性也随之加大。

谈到 2004 年以后企业预算管理最大的变化时，集团财务部副总经理说："最明显的感受就是，集团领导开始过问预算的事情了，而且时常对预算工作提出一些要求。在很多场合或者会议上，领导也会经常提及或讨论预算管理这个话题了。有了领导的支持，我们也开始对预算管理在集团范围内的实施有了些信心。"

神东煤炭财务部副经理回忆当时的情景时，说道："以前我们公司领导很少关心预算的事，我们到总部去开预算的会，回来汇报完了，基本上领导就不再管了。2004 年以后，领导要我们重新构建了预算体系，每次年底总结都少不了要汇报预算工作情况。"

虽然集团领导对预算管理开始关注和重视了，但是，2004 年企业预算系统依然还是采用手工填报、逐级汇总的模式。神华集团下属的乌海矿业财务处某员工说："当时，总部的预算管理办法基本上变化不大，我们按照总部下达的预算表填报，每年填几张 Excel 表，指标很粗略。按照当时的管理条件和基础，根本没有办法真正实施预算管理。"

财务部预算处副处长谈到当时预算面临的最大问题时，说道："预算标准做得还很粗略，主要目的是对成本费用做一些控制，没有具体到每个生产业务，预算差异很大，考核基本上不会考虑预算完成情况。我们对基层生产流程和数据不太了解，跟基层业务部门的接触有限，成本动因理不清，没办法做细指标，也没法根据预算考核。"

这一阶段神华集团预算管理的意义建构的促发，主要是由于神华能源股份有限公司的上市以及由此带来的资产重组和扩张，给集团财务管控提出了更高的要求。经济环境的向好，提升了上市后集团管理层大展宏图的信心，由此也给作为企业财务控制工具的预算管理带来了整顿和提升的机遇。由于管理层对预算管理的支持力度加强，使得较为完整的预算管理体系得以迅速形成，预算管理的地位得以巩固和提高。业务部门认识到预算管理是财务部门的事，同时，也是管理层"关心"的事。但是，这种认识依旧没有改变预算部门在具体的预算管理实施中唱"独角戏"的状况。这个阶段，虽然企业管理层强化了预算管理实施的力度，促发了预算管理进入企业管理控制系统，并发挥了一定的财务控制的作用。但是，由于绝大多数业务部门负责人依旧认为"预算管理是预算部门用来限制业务部门成本费用支出，干预其经营权利的工具"（根据咨询师基层访谈结果整理），因此，业务部门参与预算的意愿依然很低，仅是被动地接受预算管理。预算部门和业务部门缺乏互动，业务部门之间既缺少沟通，也无法形成有效的协作。因此，可以说，该阶段在管理层的支持下，预算管理发挥出一定的管理控制作用，集团的预算管理也开始真正地融入到企业管理控制系统之中。

　　第二阶段预算管理实施中的意义建构，如图5-5所示。

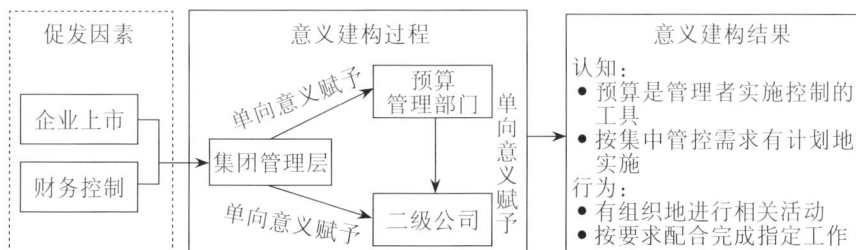

图 5-5　预算管理与管理控制系统融合阶段（3级）的意义建构

第三阶段（4 级）：预算管理向业务纵深层次扎根阶段（2009—2011 年）

　　尽管已经实施预算管理有近 10 年的时间，并且在集团财务部的强力推动下，预算体系的完整框架已经形成，预算的覆盖范围已经比较全面。但是，神化集团管理层仍然感觉到，整个集团的预算管理始终没有实现"落地"，很多基层的业务部门和人员对预算管理的认识仍然停留在"预算是用来限制业务部门权利的工具"这一狭隘的理解上，没有认识到预算管理在生产经营效率和生产决策中所发挥的作用。

2009 年，由美国次贷危机引发的国际金融危机不断蔓延加剧，给世界各国经济发展带来严重影响，此时的神华集团也面临诸多困难和挑战。面对急剧变化的外部环境，企业应对风险和加强内部控制的需要变得极为迫切。集团高层领导强烈意识到，提高经营效率、节约增效已经成为企业对抗风险的关键。与此同时，国资委发布的《关于 2009 年中央企业开展全面风险管理工作有关事项的通知》要求，"中央企业要加强对重大风险、重大决策、重大事件的管理和重要流程的内部控制，不断完善企业内部控制系统，逐步建立健全企业全面风险管理体系"。因此，如何深化以全面预算为核心的管理控制体系建设以抵御风险是神华集团管理层面临的一道难题。

面对低迷的国际市场、放缓的国内宏观经济增长速度、饱和的能源需求、行业对优质煤源的激烈争夺、庞大的资产规模、趋缓的利润增长趋势、主力矿井和设备的逐年老化等问题，神华集团最大的二级公司——神东煤炭的管理者感觉到企业经营面临着空前的压力和挑战。2009 年，神东煤炭总产量已达 1.5 亿吨，占全国原煤产量的 5%，是神华集团的核心业务部门。由于连续多年生产的高速发展，神东煤炭的资产规模和人员迅速扩大，各项成本费用也随之急速增加，企业管理者逐渐感到管理控制有些力不从心。为了加强企业管控以保障抵御风险的能力，2009 年，在神东煤炭财务部门负责人的积极建议下，神东煤炭公司领导决定，停止使用原来的基于 Excel 开发的预算系统，自行引进专业预算软件——海波龙预算系统，并聘请专业咨询公司协助企业改进预算管理体系。在咨询师的帮助下，新的预算系统引入较为顺利，同时预算管理的精细程度以及与业务流程的联系程度大幅度提升。神东煤炭各生产部门的成本费用得到有效控制。同时，神东煤炭实行了预算指标与部门考核挂钩，基层业务部门人员参与预算的积极性大大提高，预算管理在企业上下受到前所未有的关注。伴随海波龙预算系统的引入，专业咨询师指导神东煤炭重新构建了企业内部的全面预算管理框架，健全了二级公司的预算组织结构，细化了各种预算指标，增加了大量的预算报表内容。"自从上了预算系统以后，我们每年向总部汇报的预算数据很详细，集团财务部的领导对我们的工作很满

意。"（神东煤炭财务部某副处长）

对于神东煤炭预算管理系统的改进，神华集团总部大力提倡并且充分放权。集团财务部一位高层管理人员告诉我们："集团的构成很复杂，很多二级公司是后来逐渐合并进来的，管理基础参差不齐，总部领导也想加快全面预算的推进，但是短时间内没有办法进行统一要求，只能由基层部门根据自己的条件和需要，对各自的预算管理进行改革和调整，我们总部对此是非常支持的。"

神华集团自成立后就持续高速扩张，成员公司遍布全国各地，来源结构十分复杂，既有"老成员"，如出脱于原精煤公司神府东胜煤矿的神东公司和由石嘴山、石炭井、灵武三个老矿务局组建的神宁公司；也有"新成员"，如收购国网能源时并入进来的秦皇岛发电、天津大港华实发电、上海闸电燃气轮机发电和山东鲁能矿业等多家公司。各成员间不同的管理风格、管理水平和企业文化，使得集团内部整合和管理协同的难度很大。集团体量和多元化构成，给集团层面的预算管理实施带来巨大的困难。"下属企业的情况参差不齐，管理基础差异很大。有的企业推行预算的积极性很高，甚至走在了集团的前面；而有的企业由于管理基础薄弱和财务人员能力有限，在实施全面预算管理上信心不足，工作比较被动。"（集团财务部预算处副处长）

第三阶段预算管理实施中的意义建构，如图5-6所示。

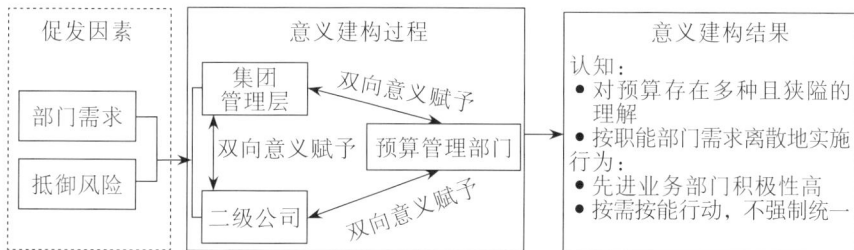

图5-6　预算管理向业务纵深层次扎根阶段（4级）的意义建构

第四阶段（5级）：预算管理成为战略支持工具阶段（2012年至今）

神华集团是国内较早推行全面预算管理的大型央企之一，但全面预算管理水平实现实质性飞跃是在2012年以后。

2012年，经过一系列的重大资产整合，神华集团以营业收入433.56

亿美元跃升至世界500强企业的第234位。然而，后金融危机下的宏观经济形势的不确定性和企业规模急剧增长过程中形成的集团管控矛盾，已经对集团的快速发展构成了阻碍。解决多元化经营的矛盾，加强企业纵向一体化产业链模式的协同，提高各业务板块之间的资源优化配置效率，贯彻企业长期战略规划，构建面向决策支持的战略价值管理体系，成为神华集团管理层迫切需要完成的工作。为了能够更好地落实企业战略，集成管理信息系统，神华集团重新制定了企业信息化战略规划，并决定上线SAP公司的ERP系统。与此同时，在集团范围内全面引进新的预算系统软件也被列入集团信息系统战略规划之中。

在神华集团高层意识到亟需利用优化预算管理落实战略和加强内部规范化建设的同时，企业的上级主管部门也对企业实施预算管理提出了更加严格的要求。2011年11月，国务院国资委下发了《关于进一步深化中央企业全面预算管理工作的通知》，要求各中央企业加紧推进全面预算的实施进程。紧接着，2012年3月，国资委又下发了《关于中央企业开展管理提升活动的指导意见》，再次强调国有大型企业通过落实全面预算等管理措施，规范经营决策、提高企业效率、提升管理水平。

2012年，神华集团聘用专业咨询公司，入驻神华集团总部，为"全面预算管理系统优化项目"提供咨询服务。神华集团为此专门成立了全面预算管理优化项目组，由集团副总经理和财务分管领导亲自挂帅，集团组织、抽调了预算部门和各业务部门主管及骨干人员专职参与。此次，神华集团管理层决心将基于作业的预算指标"做细做实"。根据集团副总的要求，所有预算管理优化项目组成员集中在一起，由咨询师团队带领和组织，封闭讨论两个月，将集团所有业务单元的作业活动进行全面而细致的梳理。此外，咨询师下基层调研、访谈和搜集数据，对业务部门负责人和基层预算人员进行多次培训，采用各种形式进行交流，灌输全面预算思想，指导其完成预算系统的实施和使用。

集团还将预算实施较好的二级公司的实践经验进行总结并作为学习标杆，在整个集团范围内进行推广，全面上线海波龙预算系统，并制订了从集团到二级公司逐级实施的具体实施计划，逐步完成从集团总部向所有二级公司部署专业预算系统，实现全集团的预算系统标准化、规范化。

以专业咨询师为主的实施团队历时一年多的调研和设计实施，使基层人员逐渐对预算管理在提高效益和效率方面的作用有了进一步的认识，神华集团预算文化开始逐步生成，企业预算管理水平也随之得到了实质性的改进。在集团公司层面开发了"产业链盈利能力模型"，在二级公司层面开发了乌海能源、准格尔能源、销售集团、国华电力、神东煤炭、宁煤集团六个"盈利能力模型"，七个模型相互衔接配合，100%覆盖神华集团现有的主营业务。产业链模型提供了产运销业务排优功能，运用大量的数据核对手段和数学模型，在给定决策场景的前提下，基于神华集团复杂的产业链约束条件，通过非线性规划求解，自动找出使集团盈利能力最大化的产运销安排。同时，预算管理向下纵深到厂矿一级，具备多维和多视角的业务财务一体分析能力。集团预算编制切实实行了"三上三下"程序，执行达到厂矿及三级单位，生产预算细分到作业活动，并在全集团建立了"作业活动库"，按行业梳理煤、电、路、港、航的作业活动，实现了预算数据由财务向作业活动的溯源。预算报告的范围也得到了进一步扩大，包括损益类、资本开支、筹融资等各方面，实现了对集团全业务的覆盖。此外，集团预算编制过程加入了预算对计划的复核，即基于计划测算关键价值指标，将结果与战略目标比对，如不达标则可调整计划，以实现计划与集团战略的匹配。

从这一阶段起，神华集团开始将预算管理与所有部门绩效考核挂钩，促使基层各部门不得不重视预算指标的完成情况，配合预算部门做好预算的编制工作。业务部门的负责人开始主动与预算部门沟通预算的有关情况。企业除了定期召开预算分析会和预算质询会，企业高管还经常不定期地召集预算部门和各二级单位预算负责人，通报和讨论预算执行中发现的各种问题，及时纠正重大的预算偏差。

通过推行预算管理，企业预算部门的地位大大提高，推行全面预算的信心也进一步增强。"以前，基层领导的注意力都在企业的产量、质量和安全上，没人关心预算。现在，大家越来越关心总部给自己定多少预算指标，主动上门找我们说预算的事。每年开会的时候，各单位负责人'吵'得很热闹呢！不过，'吵架'也是一种很好的交流。"集团财务部副总经理笑着说。

随着预算系统部署的完成和精准化预算管理的实施，以及大量的培训学习和交流活动，集团下属二级公司及基层业务部门的负责人逐渐开始认识到，预算管理并不是预算部门专门用来限制他们"自由"的工具，而是发挥集体协调功能的机制。通过细化作业活动成本，生产管理人员也对每项生产作业的收益和成本信息有了更多的了解，对他们发现本部门存在的生产经营和管理问题提供了很大帮助。很多基层业务部门的负责人表达了"希望通过合理的预算评价和考核，实现整体资源的公平分配，真正做到奖勤罚懒"的愿望（根据项目咨询师访谈结果整理）。

第四阶段预算管理实施中的意义建构，如图5-7所示。

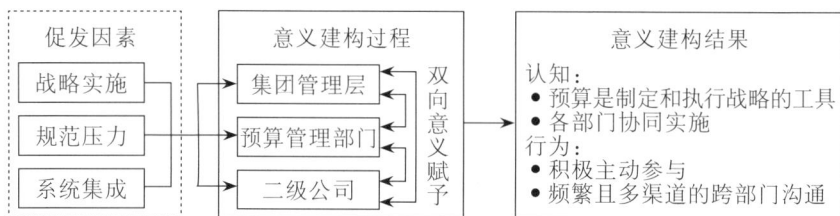

图5-7 预算管理成为战略支持工具阶段（5级）的意义建构

对于下一步预算管理实施的重点，主管预算工作的集团财务部副总经理认为："目前，我们需要逐步解决的问题是，部分地处偏远地区的二级公司管理基础还比较差，达不到总部的预算系统实施要求，我们已经派专人到基层去做调研，了解他们的需求，帮助他们尽快细化预算颗粒度，建立和运行业务预算模型，实现预算直接钻取到业务活动层面。"

5.5 预算管理成熟度演进和意义建构分析

集团企业组织结构复杂，预算管理实施的难度照比单体企业要大得多。神华集团预算管理实施的演进过程具有较强的典型性和代表性，其所经历的四个发展阶段也是四个意义建构过程类型。因此，我们将神华集团预算管理引入、形成和发展历程中的意义建构概括成预算管理实施的意义建构演进模型，试图探索总结集团企业预算管理实施中的意义建构的一般规律。

5.5.1 神华集团预算管理实施中的意义建构模式的理论分析

模式一：最小程度的意义建构

在神华集团第一阶段的意义建构过程中，主要特征符合最小程度的意义建构模式。

在这个阶段，外部环境的因素，如上级国有资产管理部门要求和同业竞争压力成为引发意义建构的最主要因素，这两个因素也被认为是影响中国企业会计行为的两个最重要的制度特征（潘飞和文东华，2006）。由此，引发了管理层对改善企业内部管理环境的需求。管理层发现预算这种新的管理方法，将其"搬"到企业中来，更大程度上可能是一种尝试的心态。管理层按照自己的理解将预算交给预算部门实施，管理层是主要的意义赋予者。在意义建构过程中，管理层的认知影响了意义建构中的各方行为，预算部门是次要的意义赋予者，作为业务主体的二级公司可视作被动接受者（Gioia and Chittipeddi，1991）。当管理者将预算视作预算部门的工作时，预算部门又在缺乏授权的情况下，势必难以形成有效控制。而业务部门的认知仅仅来自预算部门的解读，这就造成了认知阻碍，进而影响到业务部门参与的积极性。上述意义构建的过程，将导致集体认知只能形成表面上的统一，集体行为难以达成一致。因此，这一阶段的过程特征也就表现为低活跃度和低控制。

模式二：受限的意义建构

在神华集团第二阶段的意义建构过程中，主要特征符合受限的意义建构模式。

在这个阶段，内部环境的因素（如企业上市、财务控制）成为引发意义建构的主要因素。上市公司的制度约束机制使管理层真正产生了加强财务控制的内在需求。在预算管理的实施上采用集权的方式会大大提高实施进程和效率。在此阶段，预算部门得到了集团管理层的支持和授权，提高了在预算管理实施中的强制力。预算部门将按照统一的标准来实施预算管理，业务部门在强制性推行方式下，提高了与预算部门的配合程度。此时，集团管理层依然是主要的意义赋予者，预算部门和业务部门意义建构

107

的影响相对较弱，成为次要的意义建构者①。上述意义构建的过程，将导致集体认知在高度计划性的行为指导下形成较为统一且狭隘的理解，沟通的形式多为正式讨论，下属部门较为被动，参与性较低。因此，这一阶段的过程特征也就表现为（整体）较低活跃度和高控制。

模式三：分散的意义建构

在神华集团第三阶段的意义建构过程中，主要特征符合分散的意义建构模式。

在这个阶段，外部因素（经济危机）和内部环境的因素（二级公司的管理需求）共同成为引发意义建构的因素。为了鼓励预算管理向企业基层业务的纵深层次发展，管理层采用分权的管理手段，支持管理先进的业务部门根据各自的管理条件和需求自主深化预算管理的实施，而不是一味的要求整齐划一地执行。此时，管理层和业务部门是主要的意义赋予者。管理层的认知不再是意义建构中的绝对控制因素，业务部门从自身的需要出发也形成自己的认知，成为主要的意义建构者。集团的预算部门在这一过程依然担任管理者和业务部门协调和沟通的"桥梁"作用，其角色是次要的意义构建者。此阶段，预算不再被视作只是预算部门的工作。业务部门被授权，必然会提高其实施预算的积极性。上述意义构建的过程，将导致集体认知形成多样的理解。但各方自行解释，各行其是，集体行为缺乏协调，难以达成一致。因此，这一阶段的过程特征也就表现为局部较高活跃度和较低控制。

模式四：导向明确的意义建构

在神华集团第四阶段的意义建构过程中，主要特征基本符合导向明确的意义建构模式。

在这个阶段，缺乏规范性和协调性的现实矛盾成为阻碍集团战略实施的最大障碍，也由此引发了预算管理的意义建构活动。然而，跟以往不同的是，此时无论集团层面还是下属业务部门层面，均产生了通过预算管理进行战略协同的需求。由于基层部门及员工的参与程度加深，集团内部各级人员对预算管理的认知在多种形式的频繁沟通和战略导向下趋于统一，

108

① 除神东煤炭等少数二级公司预算管理实施的主动性较强外，集团内多数二级公司的预算管理实施还处于较为被动的状态。

并且产生了更为丰富的理解。因此，集团管理层、预算部门及业务部门都成为了主要的意义赋予者。上述意义构建的过程，由于有了专业咨询师的协助，使得各层级之间的沟通形式更为多样、内容更为丰富，既有正式的培训和会议，也有非正式的讨论和交流，下属部门变得较为主动，参与性较高。因此，这一阶段的过程特征也就表现为高活跃度和高控制。

5.5.2　神华集团预算管理实施中的意义建构模式的演进分析

神华集团预算管理实施中存在的四种意义建构模式的促发因素、意义赋予方向、沟通特征、控制程度、活跃程度以及结果的比较，见表5-1。

表5-1　　　　　　　　**预算管理成熟度演进和意义建构模式比较**

意义建构模式	促发因素	意义赋予方向	沟通特征	控制程度	活跃程度	实施结果	预算管理特征	成熟度等级
最小程度的意义建构	同业模仿、上级强制、自我改良	单向	低频、缺乏沟通	低	低	预算管理实施低效，形成预算管理概念	植入阶段	初始级（1级）和扩展级（2级）
受限的意义建构	企业上市、财务控制	单向	低频、非互动的指令性沟通	高	低	预算管理闭环体系形成，开始发挥管理控制功能	与管理控制系统融合阶段	闭环级（3级）
分散的意义建构	部门需求、抵御风险	双向	高频、互动性沟通	较低	较高	预算管理向业务部门的深层次渗透，开始发挥管理控制和业务决策双重功能	向业务纵深层次扎根阶段	优秀级（4级）
导向明确的意义建构	战略实施、规范压力、系统集成	双向	高频、互动性沟通、业务部门间横向交流	高	高	预算管理开始发挥战略规划制定和落地的支持功能	成为战略支持工具阶段	卓越级（5级）

首先，从意义建构的促发因素来看，呈现外部因素和内部因素相伴、主动因素和被动因素共存的局面。从上级主管部门的强制要求、同行业企业的竞争威胁、业务职能部门的需求到系统集成和规范，从集团企业应对

风险、加强控制到支持战略决策，促使组织产生意义建构活动的因素逐渐从外生制度向内生需求转化，从高层要求向基层需求转化，从协助管理控制职能向支持决策职能转化，促发因素的演变反映了集团企业的预算管理实施动因逐渐变得成熟，也再次证明了预算管理的演进与内外部环境的变化密切相关的理论研究结论（张先治和翟月雷，2010）。

其次，从意义赋予方向和沟通特征来看，呈现由单向向双向转变，同时沟通的频度和范围也逐渐提高和扩大。从最初的少次、缺乏互动的简单沟通直至最后实现了多次正式与非正式结合的跨部门沟通，逐渐对预算管理形成了丰富的、统一的理解，将预算管理视为集团战略规划的使能工具（Kung等，2013）。

再次，从控制和活跃程度来看，意义建构的控制程度呈波浪式螺旋上升的总体发展规律，再次证明了企业管理层的支持和领导能力是预算实施效果的重要影响因素这一理论研究结论（Brownell，1986）。同时，活跃度由低向高、由局部向整体逐渐提高，即基层的参与程度逐渐提高，证明了较高的参与度可以提高预算的效果（程新生，2008）和预算信息的决策价值（毛洪涛等，2013）等理论研究结论。

最后，从预算的实施结果来看，预算管理是随着企业内外部环境的变化而发展的，每一阶段的促发因素、建构过程以及企业的内外部情境之间具有高度的适配性和相关性，即一定的促发因素、建构过程只能在一定的认知水平上才具有相应的效果（陈文波等，2011）。企业预算的管理功能也是"由浅入深"和"由简单到复杂"逐渐地发挥出来，从简单控制到控制与决策，再上升到支持战略落地。从意义建构的促发因素、建构过程及实施结果的演进来看，预算管理实施中的意义建构及其成熟度演进是一个兼具偶然性和必然性的有机演化过程。预算主体对预算认知的不断成熟是阶段演进的内在驱动力。

在图5-8中，预算管理意义建构演进模型第一阶段的意义建构促发因素的出现具有一定的偶然性，以神华集团为例，集团管理层引入预算管理方法是市场竞争加剧引发的自我改良需求下的模仿行为，同时，由于是中央国有企业，国有资产主管部门的制度压力也起到了一定的推动作用，这个阶段的产生时间具有一定的偶然性，引入预算管理的促发因素和促发时间在不同组织中可能各异。此外，一些近年引入预算管理的集团公司，由于已经具备一定的管理基础，或是在有经验的预算主管或咨询师的指导下，可能并没有经历第一阶段的最小程度的意义建构，而是直接进入第二阶段，实现了预算管理的管理控制功能。但是，无论企业的预算管理及其意义建构活动是否经历了所有的四个发展阶段，这四个阶段在企业中出现顺序是不可逆的，比如，第一阶段不会在其他阶段之后出现；只有部门需求等引发了分散的意义建构活动促使企业预算管理向业务纵深扎根后，企业预算才能进入成为战略支持工具的第四阶段。

111

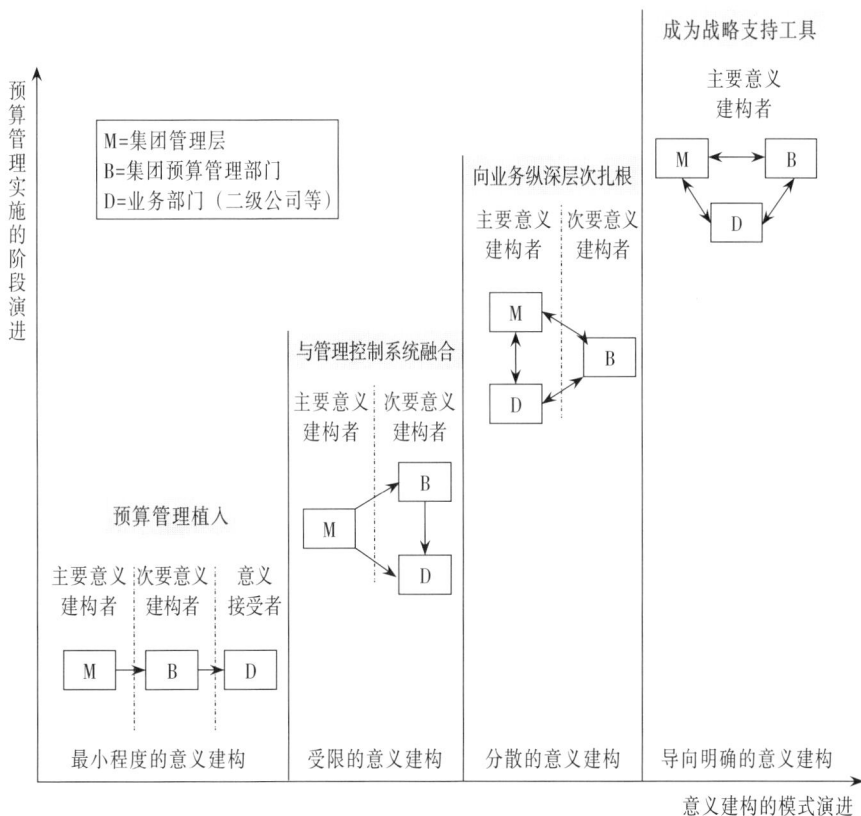

图5-8　预算管理的意义建构演进模型

预算管理的意义建构演进模型中的后三个阶段（如图5-8所示），即由加强财务管控为主要引发因素的预算管理与企业管理控制系统融合、由满足业务部门管理需求为主引发的预算管理向业务纵深层次扎根、由战略协同实施为主引发的预算管理成为集团战略规划支持系统，其相继出现是一个符合逻辑的、序贯的且必然的过程（Van Looy，2011）。

大量的实践也证明，很多中国的集团企业在预算管理实施时，都循序经历了与神华集团类似的"总—分—总"的过程，即通常是由企业高层引进和倡导实施预算管理而进行"由上至下"的受限的意义建构；再经历由基层业务管理需求引发的不同业务部分的或分层次、或分阶段、或分区域的"由下至上"的分散的意义建构；只有也是必须经历了由业务部门主动参与且将预算推向基层预算单元的过程后，才可能进入到最后一个阶段，即由总部和基层业务部门相配合的从集团整体和长远战略发展出发的"上下互动"的导向明确的意义建构，各个阶段是不能跳跃实现的，即如果没有经过第三阶段，第二阶段难以直接进入第四阶段。

这一发现，揭示了预算管理实施中参与者认知的一般规律，为集团企业实施预算管理提供了路径参考。预算管理实施的意义建构演进模型也再次显示和验证了企业预算管理实践是一个历史演进过程，具有不同的发展阶段，在特定的企业时空环境中产生特定的效果（张先治，2004；刘凌冰，2014）。

5.6 　　　研究结论与建议

神华集团作为老牌的大型央企，企业的预算管理整整走过了16个年头，历经了中国企业改革的沧桑巨变，其预算管理实施历程之长、阶段之完备、内外部环境之多变、目前预算管理成熟度之高，可称得上是本土企业预算管理的典型代表。

前述对神华集团预算管理案例的研究论证，是从意义建构的角度解释集团企业预算管理实施行为，发现了集团企业预算管理实施中存在的四种意义建构模式，分别是预算管理植入阶段的最小程度的意义建构、预算管理与管理控制系统融合阶段的受限的意义建构、预算管理向业务纵深层次扎根阶段的分散的意义建构和预算管理成为战略支持工具阶段的导向明确的意义建构，探索了集团企业预算管理实施中的四种意义建构模式的促发因素、建构过程以及建构结果的关系，尝试性地提出集团企业预算管理的意义建构演进模型，解释了预算管理演进与预算管理意义建构的理论关系，弥补了相关理论研究的缺口。

首先，从意义建构角度解释集团企业预算管理实施过程，转变了预算管理理论研究的视角，有助于排除集团企业结构和环境的复杂性及多样性对总结预算管理实施一般规律的阻碍。研究发现的四种意义建构模式反映了预算实施中企业和个体的认知及行为特征，相比其他预算管理实施影响因素研究，更具有一般性和普遍性。预算管理实施的意义建构演进模型概括了中国集团企业预算管理发展中的各个阶段，其中后三个发展阶段揭示了集团企业预算管理实施中的普遍逻辑和序贯，解释了集团企业预算管理发展的演变规律，即各个阶段的出现顺序是不可逆的，阶段间也难以实现跳跃发展。研究结论揭示了在复杂企业环境的预算管理实施中，意义建构的重要性，提示企业管理者重视人员认知形成活动对预算管理效果的影响。对集团企业的管理会计实践具有一定指导性和借鉴意义同时，预算演进规律的发现也告诫企业决策者和国资管理部门的政策制定者，在预算管理实施过程中，不要急于求成，期望"一蹴而就"，应尊重事物客观的发展规律。

其次，将预算实施已有 16 年历史的神华集团作为研究对象，对其预算管理历史进行纵向研究，观察其预算管理实施中的意义建构行为的演化，弥补了大样本研究中均值统计所掩盖的少数但却典型的现象。案例所具有的典型性，能够提供集团企业预算管理实施意义建构活动的动态演变全景，有利于解释在发展变化的各阶段环境中，组织和人员如何阐释情境，建立对情境的集体认知，并以此为指导调整预算实施行为提供参考范例。

最后，研究对预算管理实施中意义构建特征的总结，证实了预算参与程度与预算实施结果的关系受到意义建构促发因素和建构过程的影响，不同的促发因素和建构过程会使企业和个体产生不同的认知和行为，进而导致不同的预算管理实施结果，回答了预算参与对预算管理实施效果影响的内在机理。这一发现，为某些采用大样本研究数据进行的关于预算参与程度与管理效果之间关系的实证研究所提出的矛盾性结论提供了新的解释[1]，也印证了 Brownell（1986）、王海妹和张相洲（2009）的观点，即预算参与是否能够通过正向的动机传递机制来提高管理绩效，组织和个人层次的行为因素影响是非常重要的。研究结论也对企业预算管理实施的实践提供了启示，即在导向明确的情况下，存在高控制和高活跃的建构过程，预算实施的结果将更为理想。

---

[1]　有些研究发现较多的预算参与可能导致"预算松弛"行为，降低管理效果（Lowe 和 Shaw，1968；Ronen 和 Livingstone，1975；高严和柴静，2010）；而另一些研究则发现较多的预算参与会提高管理业绩（Argyris，1952；Brownell，1982；王浩，2011）。

第 6 章

集团公司全面预算管理模式适配模型研究

6.1　开展预算管理模式研究对提升预算管理成熟度的意义

　　集团公司环境复杂，往往多元化程度较高，二级子公司因具有独立的法人地位而具有较强的独立性。集团公司对子公司的控制更多的是体现在股权控制上，对于非控股的子公司，集团公司的控制能力较弱（高勇强和田志龙，2002）。现实中，单体企业实现预算管理成熟度达到五级的情况不在少数，但是，使集团企业全面预算管理在整体上达到成熟的难度较大，集团公司的环境和预算管理实施的复杂性使得研究人员很难总结出具有普遍意义的成功因素或关键过程机制。多年来，无论理论界还是实务界都在孜孜不倦地寻求集团预算管理模式的改进，期望找到最优模式指导企业预算管理实践，如蒋东生（2006）认为"现代集团公司的预算管理宜采取集权模式"，而李国忠（2005）认为我国集团公司预算控制的基本取向是"在集权基础上分权控制"的折中型集团预算管理模式。有学者提出，集团公司类型与预算管理之间可能存在匹配现象（李国忠，2005）。前期一些案例研究（于增彪等，2001；高晨和汤谷良，2007；高晨和汤谷良，2010；罗乾宜，2012；刘凌冰等，2014；刘凌冰等，2015）提示我们，不存在所谓的"最佳"的管理模式，只有在特定管理环境中的"最适用"的管理模式。因此，应放弃追求预算管理的"最优模式"，转而探索"最匹配模式"。

尽管前期研究中有学者提出了组织与预算管理的匹配模式，但是对于其中的匹配机理仍存在企业详细特征刻画和实证研究的缺口。因此，本书采用多案例研究方法，甄选三家全面预算管理工作较为出色的大型央企集团，通过实地调研，比较企业组织管理类型与全面预算管理模式，探寻其中的匹配机理，使得集团企业在其单体企业达到全面预算管理高成熟度的同时，企业整体预算管理更加协调，有利于巩固集团企业全面预算管理体系的整体顺畅运行。

开展预算管理模式研究对提升预算管理成熟度研究的贡献和创新之处可能体现在：基于三家集团公司的案例，结合中国本土企业特征，具体刻画战略规划型、财务控制型和战略控制型集团公司的典型特征与集权型、分权型和折中型预算管理模式的企业特征，从理论基础、构建原则、影响因素等方面系统构建了集团公司的全面预算管理适配模型，并从多个角度解释其适配机理，一方面是对现有预算控制匹配理论的发展和完善，另一方面为集团企业预算管理"最优匹配模式"的探索提供了新的证据支持，丰富和补充预算管理成熟度理论体系。

6.2　　理论分析

6.2.1　集团公司组织类型及变量特征的理论分析

众多学者从组织演进、管理机制和环境适应等方面入手，基于集团总部对子公司授权的大小、控制内容、公司治理、控制机制等角度对集团公司组织类型进行了划分，划分的侧重点各有不同。有关集团公司组织管理的类型划分的主流观点有三类：二分法、三分法和四分法（见表6-1）。在以上三种类型中，三分法的观点居多，虽然类型表述不同，但是实质上其内容是对Campbell（1988）三分法的发展。

表6-1　　　　　　　　　　集团公司组织类型划分的主要研究成果

观点	集团企业组织类型	文献来源
二分法	分权模式和集权模式	Vancil（1979）
	管理型和治理型	Pound（2001）
三分法	官僚管控、市场管控、团队管控	Ouchi（1979）
	战略规划型、战略控制型、财务控制型	Campbell（1988）
	M型、H型、U型	Hill（1988）
	行政管理型、治理型、管理型	陈志军（2007）
	财务管控、战略管控、经营管控	王钦和张云峰（2005）
	集权管理模式、分权管理模式、统分结合管理模式	李方叶和张晓燕（2015）
四分法	资本控制、行政管理、自主管理、平台控制	葛晨和徐金发（1999）
	经营者、策略控制者、策略规划者、控股公司	席西民等（2003）
	目标管控、活动管控、结果管控、文化管控	王昶和姚海琳（2011）

Campbell（1988）的三分法将集团公司组织管理类型划分为战略规划型、财务控制型和战略控制型。根据组织结构模式理论，这三种组织类型可分别归为直线职能型（U型）、控股公司结构（H型）和事业部制（M型）。据此，本书从企业战略规划功能、集团职权范围、子公司职权范围、绩效考核方式四个维度（Hill，1988），对作为决定因素的集团组织管理类型变量的具体变量特征进行刻画（见表6-2）。

（1）战略规划型集团公司

战略规划型集团公司大多处于矿业、石油、电力、汽车等行业，多元化程度低、业务关联度强，实施专业化战略。组织结构模式一般属于U型结构中的直线职能型，在保证集团直线统一指挥的同时，充分发挥专业职能机构的作用。

这种类型的集团公司，总部高度集权，对子公司业务介入较多。总部充当战略管控中心、投资决策中心、资源配置中心、业务决策中心等角

表6-2 集团公司组织类型变量的特征描述及比较

	战略规划型	财务控制型	战略控制型
战略规划功能	集团总部具有管理协调职责,掌控集团发展整体局势,进行子公司间的横向协调	各子公司自行规划和协调,集团总部在必要的时候可以提供一定的支持	集团总部在战略层面制定机制来协调各子公司间的关系,以创造战略协同效应
集团职权范围	集团作为战略管控中心、投资决策中心、资源配置中心、业务决策中心,统管集团一切经营管理活动,包括子公司的供产销、人财物等;集团制定全面的功能性政策,提供中央共享服务	集团作为投资组合决策中心,主要负责集团战略和财务业务,不干预子公司具体运营;根据需要提供局部的共享服务,特别要求财务核算上必须保持一致和共享	集团作为战略管控中心、投资决策中心、资源配置中心,重点管理供产销和人财物等关键管理权;仅提供特殊和必须的中央服务
子公司职权范围	子公司是实现公司整体战略的重要组成部分,是战略执行和业务运营主体,经营决策自主权较弱	在实现集团期望业绩的前提下,拥有充分的经营决策自主权,子公司是相对独立经营和运作的实体	子公司在集团总部宏观调控下,拥有一定的经营决策自主权,但要受到集团的监督
绩效考核方式	除了下属单位一把手,对核心的管理人员也进行考核,考核内容较广,包括所有财务和经营关键指标的实施过程和结果	只对下属单位一把手进行考核,考核内容为重要的战略指标,尤其是财务指标	把握重点,考核对象为关键管理人员,考核指标也以关键指标为主

色。集团总部管理一切经营管理活动,包括子公司的供产销、人财物等。相比之下,子公司的权利较小,经营自主权相对很弱,作为集团整体战略的重要组成部分、战略执行和业务运营的主体,听从集团总部指挥,接受

集团领导。

由于子公司间业务关联度较高，集团总部需要进行管理协调，掌控集团发展整体局势，制定全面的功能性政策，提供中央共享服务，实施全面控制、全程控制和全面考核，包括所有财务和经营等关键指标的实施过程和结果，目的是为了实现协同效应。

（2）财务控制型集团公司

财务控制型集团公司大多涉及多个行业，属于跨行业经营，多元化程度高，业务关联度弱，实施非关联型多元化战略。组织结构模式一般属于M型结构中的事业部型。

这种类型的集团，总部相对分权，对子公司业务介入较少。总部充当投资组合决策中心，对于业务战略和运营关注较少。集团总部主要负责集团的战略和财务业务，不干预子公司的具体运营，而是通过其董事会来影响子公司的经营活动。相比之下，子公司的权利较大，在实现集团期望业绩的前提下，拥有充分的经营决策自主权，各成员单位是相对独立经营和运作的实体。

由于子公司间业务关联度很弱，各子公司自行规划和协调，集团总部根据需要提供必要的共享服务，但要求财务核算上保持一致。集团公司主要进行财务控制和结果控制，对子公司仅考核重要的战略指标，特别是以财务指标为重心。

（3）战略控制型集团公司

战略控制型集团公司在钢铁、化工、纺织等行业领域较多，多元化程度和业务关联度适中，实施主导型多元化战略或关联型多元化战略。组织结构模式一般属于H型结构中的控股公司模式。

这种类型的集团，集权和分权的程度介于战略规划型和财务控制型之间。总部充当战略管控中心、投资决策中心、资源配置中心。供产销和人财物中关键的经营管理权利集中在集团总部，而具体的生产和销售业务等权限下放给子公司。子公司或成员单位在集团总部的宏观调控下，拥有一定的经营决策自主权，但是要受到集团的监督。

由于子公司间业务关联度相对较高，集团总部需要在战略层面制定机制来协调各子公司间关系，提供独特的且必须的中央服务，实施目标控制和过程控制，以关键指标的考核为主，旨在创造战略协同效应。

6.2.2 全面预算管理模式及变量特征的理论分析

全面预算管理是利用预算对企业内各部门、各单位的各种财务及非财务资源进行分配、考核、控制等的系统性活动，预算范围覆盖整个组织，并由全体组织成员共同参与。企业通过建立全面预算管理系统，能够加大管理控制强度，提高决策效率，实现企业战略的真正"落地"（Covaleski等，2003）。

于增彪等（2001）结合中原油田预算管理经验，提出由编制、执行、计量、分析、报告、奖惩、鉴证和计算机支持等八个模块与技术、组织、行为和环境四个层面组成的预算管理系统。王斌（2006）根据产品生命周期理论将预算管理分为资本预算、销售预算、成本预算和现金流量为起点的四种预算编制模式。浙江省绍兴市财政局课题组（2010）提出建立预算编制、执行、监督"三权分立"的预算管理模式。苏林峰（2012）提出建立关于业务与财务融合的预算管理模式。胡秋红和梁永鑫（2014）以电网企业为例，提出以现金流量为核心的预算管理模式。

上述预算管理模式的研究，从不同角度出发，有的基于预算管理流程（于增彪，2001；浙江省绍兴市财政局课题组，2010），有的基于预算管理内容（王斌，2006；胡秋红和梁永鑫，2014）。如果研究组织管理类型与预算管理模式的匹配问题，预算模式的分类应采用基于组织管理角度的预算管理模式分类方法，因此，李国忠（2005）根据集团公司的管理体制特征所提出的集权式、折中式和分权式等三种集团公司预算控制类型则更为适用。王建华和孙燕芳（2002）研究发现，不同的组织管理特征对预算管理的形式确实有重要的影响。

根据企业预算管理内容和流程的基本理论（于增彪等，2004；王斌，2006），从全面预算整个流程出发，结合我国企业实际，本书从组织结构、内容范围、编制流程、预算监控和预算评价五个维度对全面预算管理模式这一因变量的具体特征进行描述和刻画（见表6-3）。

表6-3 全面预算管理模式变量的理论特征描述

维度	集权型	折中型	分权型
组织结构	集团总部是决策机构，确定预算目标及分解依据，是集团预算的编制者和下达者；子公司基本不参与预算的编制，更多体现为预算执行主体	集团总部根据市场环境与集团战略，提出预算目标、预算大纲和预算假设并对成员单位编制的预算进行审批和下达；子公司编制具体的预算，并将预算交由集团审核	集团总部确立导向型的预算目标，对预算实施结果进行考核；子公司享有较为充分的预算决策权，并可根据情况变化进行预算调整
内容范围	强化预算的资源规划功能，在预算目标确定的基础上，将一切经营活动所消耗的财务资源全部纳入预算体系	集团总部的预算着重关注资本预算和重点业务预算	集团总部主要进行资本管理，审定资本预算，并分配资本；子公司主要进行具体运营，侧重业务预算
编制流程	编制流程偏重自上而下的方式，如集团下达预算，总部对下属单位拥有预算管理权，下属经营单位负责执行	编制流程采用上下结合的方式，如集团作为战略筹划者提出预算目标，由子公司编制业务预算，集团对业务预算进行重点审核和全方位监控	编制流程偏重自下而上的方式，即子公司根据母公司集中认定的预算目标来编制自身的预算，这一预算要符合子公司的经营战略，母公司对预算的形成没有统一的指导意见
预算监控	集团通过预算指标的综合性特征对分部实施控制	着重审核各子公司的重点业务预算，对获准通过的业务预算进行全方位的监控	集团总部利用预算监控来保证战略目标的实现，但预算监控以不损害各子公司独立财务运作为前提
预算评价	对于全面预算管理进行综合评价	按照预算监控的关键指标进行考核	母公司通过对子公司的预算考核和经营业绩评价，确定子公司的"去"或"留"

121

（1）集权型全面预算管理模式

集权型全面预算管理模式强调集团公司整体战略，对整个集团的预算进行全程规划以及全程控制。集权总部在全面预算的实施中拥有绝对权威，不但是全面预算的最高决策机构，更是全面预算的直接编制者和下达者，对成员单位实施的预算进行控制和全面综合评价。各子公司和成员单位作为集团整体战略的重要组成部分，需要严格执行集团下发的预算。集权型全面预算管理模式将整个集团看成一个整体，集团总部统筹规划，集中管理人财物、供产销。一方面，集权型模式有利于集团整体战略的实现；另一方面，集权型模式相对于分权型模式来说，更容易进行控制，效率更高。

但是，由于集团总部与分部或成员单位之间存在信息不对称，集权型全面预算管理模式也可能出现负面效果。首先，集团总部编制的预算或制定的预算目标可能偏离子公司的实际。其次，过度集权会降低子公司的积极性和主动性。

（2）分权型全面预算管理模式

相对于集权型模式，分权型全面预算管理模式下子公司享有更大的预算决策权和更灵活的经营空间。集团公司总部确定导向型的预算目标，通过报表平台对子公司或成员单位进行监控，对预算目标的完成情况进行评价，实施间接控制。子公司是独立经营运作的实体，享有较为充分的预算决策权，在筹资投资、利润分配、费用支出等方面享有自主权，而且可以根据市场环境变化和公司实际运营情况对预算进行适当调整。分权型全面预算管理模式子公司参与预算编制，提高了预算的可靠性和实际性，克服了集权型模式的缺陷，充分调动了子公司的积极性和主动性。

但是，分权型全面预算管理模式在调动子公司积极性的同时，也可能由于过度放权而存在诸多弊端。首先，过度放权容易导致预算松弛。其次，子公司各自为政，不利于集团整体战略的实现。

（3）折中型全面预算管理模式

折中型全面预算管理模式表现为集团总部和子公司进行适度合理的分权。集团总部作为战略筹划者，负责提出预算目标、预算大纲和预算假设，子公司具体编制预算，并提交集团总部审核，集团总部提出有价值的建议，子公司修改提交，上下结合后最终由集团总部下达执行。集团总部对预算重点进行全方位监控，对关键指标进行考核。简言之，其既注重目标导向，又关注过程和结果。折中型全面预算管理模式体现了我国的中庸思想，既体现了集团总部的意志，符合集团的整体规划，又让子公司参与决策，调动了他们的积极性和主动性，提高了预算的可靠性；既有利于实现集团整体利益的最大化，又不伤害子公司的利益，可谓实现了双赢；既摆脱了"事无巨细"的集权型的不足，也避免了"粗放管理"的分权型的缺陷，具有很强的"资源规划与结果控制相结合"的综合特征。

但是，折中型全面预算管理模式的"中庸"尺度把控难度较大，如果缺乏明确的制度和沟通机制，很容易挫伤下属单位的积极性，降低工作效率和预算管理效果。

6.2.3　集团公司组织管理类型与全面预算管理模式的适配关系分析

集团公司组织管理类型与全面预算管理模式为什么要适配？这是由委托代理关系决定的。委托代理问题存在于集团型企业的母子公司之间。在集团型企业中，母公司处于委托人的位置，而子公司则相当于母公司的代理人。由于目标不一致和信息不对称，母子公司之间存在博弈。为了实现权利制衡，需要通过母子公司间的集权和分权来实现。全面预算管理集计划、协调、控制、激励、评价等功能为一体，通过约定投入、约定效果及约定利益实现行动计划的定量化，从而规范各子公司的行为，避免"逆向选择"和"道德风险"，在一定程度上缓解集团公司中的信息不对称问题。

为什么不寻求"最优"预算管理模式而应寻求"适配"预算管理模式？这可由权变理论来解释。权变理论认为不存在普遍适用的控制系统，应根据不同的组织环境选择与之相适应的控制系统（Luthans，1976）。这一理论同样适合于不同组织管理环境的预算管理模式的选择。企业全面预算管理是企业内部控制的重要工具，与内部控制一样，组织环境必然对其具有重要影响（张先治，2004；刘凌冰和韩向东，2015）。集团公司需要结合集团外部环境、集团内部特点等因素，选择适合自身的预算管理模式，并且随着内外部环境的变化而变化。

哪些因素可用于判别集团公司组织管理类型和预算模式的"适配"呢？

根据集团公司组织管理类型决定要素和预算管理效果影响因素的相关研究，本书认为，企业采取何种模式的预算管理，应从战略导向原则、整体利益最大化和权变原则角度判断，因此，全面预算管理模式选择的判别关键影响因素应包括集团各成员单位的业务关联度（李三存，2002；王昶和姚海琳，2011），集团的发展战略内容（Ansoff，1965；Bartlett and Ghoshal，1989；秦杨勇，2011），母子公司的管理能力对比（巫升柱，2003；许利波，2005；秦杨勇，2011）和成员单位地域的分布情况（许利波，2005）。

第一，集团间各成员单位的业务关联度。业务关联度是指集团间各成员单位经营业务的相关程度，按照程度的不同，可以划分为高、中、低三个等级。一般情况下，处于同一行业的企业间关联程度较高，处于不同行业的企业间关联程度较低。煤炭、石油、电力等行业的集团公司成员单位间的业务关联度较高。不同的业务关联度，很大程度上决定了集团型企业预算管理模式的选择。当子公司间互相依赖的程度较高且影响层面较广时，母公司通常采用集权控制方式，很少选择授权（Jaeger and Baliga，1984）。乔雪莲（2011）通过对132家集团型企业进行调研，用实证的方式证明：当母子公司的相互依赖程度较高时，集团侧重采取集权化管控模式；当母子公司之间的依赖程度较低时，集团总部会采取分权型管控模式。

当集团内部各成员单位的业务关联度很高、集团属于横向或纵向一体化模式时，成员单位之间的相互配合就异常重要，需要集团总部统一协调调度、统筹规划、合理调配资源，此时适宜采用集权型的全面预算管理模式。当集团内部各成员单位的业务关联度很低、相关性较差时，各成员单位在集团整体规划下专注于自身的经营发展，集团总部作为控股股东，专注从事资本经营，采用分权型全面预算管理模式更加适合。当集团内部业务板块较多，在特定的时候需要总部在板块内和板块间进行协调时，可以考虑选择折中型全面预算管理模式。

第二，集团的发展战略。集团的发展战略是指集团公司长期发展的战略模式，主要根据集团公司母公司业务的基本特征和其他资源情况制定。集团的发展战略根据产品特征分为专业化战略和多元化战略（Rumelt，1995；陈志军，2007）。其中，多元化又进一步细分为主导型多元化战略、关联型多元化战略和非关联型多元化战略。集团公司设计财务控制模式时，应以环境为背景，以战略为导向（黄文，2011）。集团公司在不同阶段采取具体战略的差异必然要求不同的集权和分权模式来支撑（万文飞和唐卫宇，2009）。因此，不同集团公司的预算管理模式应与集团发展战略相适应。

当各子公司之间的业务非常接近，集团采取专业化战略时，集团需要拥有较大的权利，迅速决策，集中管理人财物、供产销，降低成本，提高效率，平衡集团内部的资源，此时，适合采用集权型全面预算管理模式。当子公司间业务相关性较低、差别较大，集团采取非关联型多元化的发展战略时，子公司就需要更大的权限开展专业化的经营，更及时地应对市场环境变化，此时，选择分权型全面预算管理模式更为合适。当集团采取主导型多元化战略或关联型多元化战略时，折中型全面预算管理模式则更为适宜。

125

第三，母子公司的管理能力。集团总部管理控制能力和子公司管理水平的对比，是全面预算管理模式选择需要考虑的又一重要因素。集团总部和子公司的管理能力具体表现在人员和部门管理、人员素质、管理技能、信息化程度、考核及沟通能力等方面。当集团总部发展历史较长，管理能力和水平较高，属于全能型的管理机构时，集团更倾向采用集权型全面预算管理模式加大对子公司的管理力度。当成员单位的管理水平较高，自主经营效果很好，对总部资源依赖弱，成员单位试图摆脱集团总部控制，自身拥有更大权限时，集团更适合的全面预算管理模式是分权型。当成员单位的管理基础和水平参差不齐时，采用折中型全面预算管理模式可能效果更佳。

第四，成员单位地域的分布情况。集团公司按照服务区域大小和地域分布，依次分为全球性、全国性及地方性集团公司三类（陈志军，2007）。成员企业的地理分布不仅直接影响到各成员企业自身的生产经营活动，也影响到集团总部的资金流、信息流和物流（尹显炜，2012）。

集团内部成员单位区域分布广度和集中度不同，采取的预算管理模式也存在差异。

如果集团公司子公司的业务地域分布比较集中，则容易实现统一指挥和集中管理，便于实行集权型全面预算管理模式。如果成员单位地域分布很广，一般需要在集团和成员单位之间进行适当的分权，适宜采用分权型或折中型全面预算管理模式，方便其根据当地客观情况和环境变化做出及时的经营决策。

综上，本书提出集团公司组织类型与全面预算管理模式适配机理的理论模型（如图6-1所示），并提出以下三个假设：

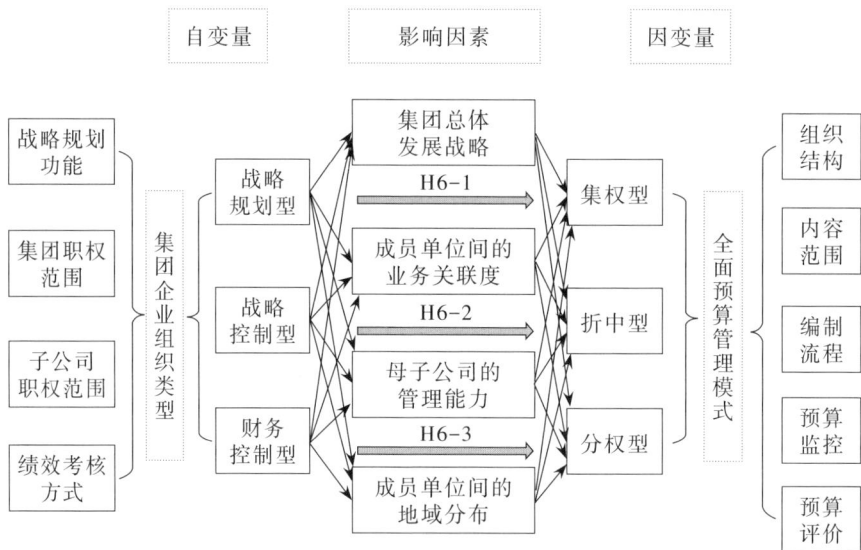

图6-1　集团公司组织类型与全面预算管理模式适配的理论模型

H6-1：当集团公司组织类型为战略规划型时，其采用集权型全面预算管理模式，预算管理效果好。

H6-2：当集团公司组织类型为战略控制型时，其采用折中型全面预算管理模式，预算管理效果好。

H6-3：当集团公司组织类型为财务控制型时，其采用分权型全面预算管理模式，预算管理效果好。

6.3　研究方法

6.3.1　研究方法的选择

探究的核心问题是"集团公司组织管理类型与全面预算管理模式之间的最优匹配"。全面预算管理的复杂性使相关研究很难与特定情境相分离，最适宜采用长期的、第一手观察的形式，从近距离进行研究（陈向明，2000）。实地研究方法最适用于这类研究对象与情境难以分离的问题，因此，选择实地研究和案例研究相结合的方法，辅以文献分析法开展研究。通过多案例比较研究，对三家集团组织管理模式和全面预算管理特征进行分类，并进行详细完整地描述，分析其适配的机理，有助于循序渐进、抽丝剥茧、分析问题的本质，也能够为其他类似集团提供清晰明了的对照。

6.3.2　案例对象的选择

选取神华、华润、国投集团作为案例研究对象，其基础资料见表6-4。从表6-4可以看出，三家企业适合本研究的原因主要有三个方面：

表6-4　　　　　　　　　　**三个案例研究对象的基础资料**

集团名称	集团性质	主营业务及所属行业	2014年度营业额
神华集团有限责任公司（简称神华集团）	大型央企	采矿业——煤炭开采和洗选业；以能源为主业，集煤矿、电力、铁路、港口、航运、煤化工为一体	3 249亿元人民币
华润（集团）有限公司（简称华润集团）	大型央企	七大业务单元，涵盖消费品、地产、公共事业、医药和金融等行业，属于多元化控股集团企业	5 686亿港元
国家开发投资公司（简称国投集团）	大型央企	四大战略业务单元，主要包括电力、煤炭、物流、交通、高科技、金融和国资经营七大板块	1 126亿元人民币

第一，典型性和代表性（Eisenhardt，1989；Pettigrew，1990）。三家集团均成立于20世纪八九十年代，属于我国集团发展的先行者和排头兵；均属于大型央企，实力雄厚，发展势头良好，都在所处行业处于领先地位，在我国大型集团公司中具有典型性和代表性。

第二，对比性。三家集团在成立时间、公司性质、行业地位、经济效益等方面具有较强的相似性，在研究中可以较好地控制环境变量，便于比较观测变量。将三家集团公司进行比较研究，便于观测三种集团组织类型和三种全面预算管理模式的具体差异和相互关系，有助于分析集团公司组织类型与全面预算管理模式相匹配的内在机理。

第三，资料的可获取性和完整性。多渠道数据来源有助于进行"三角验证"（Eisenhardt，1989）。研究数据资料主要通过三种途径：访谈，即半结构性访谈（根据理论模型设计访谈问卷）；观察，即非参与性观察（研究团队以预算管理咨询顾问的身份深入企业）；查阅文献资料和企业公开信息。

6.3.3 资料的收集与分析

遵循案例研究的基本过程，采用查阅梳理文献和问卷访谈的方式搜集资料，通过多样化的数据来源相互补充验证，保证数据的真实可靠。对三家集团公司的调研集中在2015年7月至2015年12月，大致经历了三个阶段：第一阶段，通过搜狐财经网站、中国知网、Wind数据库等途径搜集三家集团公司的概况、新闻报道、报表等公开资料，进行初步分析判断，对应三种集团组织和预算管理类型；第二阶段，研究团队成员以咨询顾问的身份参与案例企业的预算管理咨询项目，深入企业调查和掌握案例集团公司内部管理制度、集团战略、全面预算管理办法、全面预算管理流程、预算报告等数据资料，对所取得的资料进行全面系统分析，刻画企业特征并构建研究理论模型；第三阶段，通过访谈与案例企业高管进行进一步交流，反馈研究成果，对关键问题进行更深入地探讨，对模型进行修正。

案例分析分两部分进行：单案例内部分析和跨案例分析（Eisentardt，1989）。首先是单案例内部分析，分别对神华集团、华润集团和国投集团的组织类型特征和全面预算管理特征进行梳理，划分多个维度，提炼出典型特征，分析各自影响其全面预算管理模式的因素。在此基础上，进行跨案例对比分析，比较异同点，反复对比已经提炼出来的三家集团公司的特征，将各维度的特征进一步划分为"高—中—低""集—中—分"等标准，抽象出集权型、折中型和分权型全面预算管理模式的特征框架；与此同时，通过对比发现不同集团公司类型与全面预算管理类型的联系，找到对应关系，并通过相同影响因素分析其适配机理。文中根据这种思路设计了多个对比表格，使各构念清晰明了，也有利于读者理解，方便进行对比分析。

6.3.4　信度和效度

除运用"三角验证"保障数据信度外，本书遵循案例研究中保障信度和效度的方法，通过形成证据链和印证核实等方法进行建构效度检验；根据逻辑框架分层进行相应的解释说明，进行内在效度检验；通过文献分析和同类案例对比进行外在效度分析；通过制订严密的研究计划和重复实施进行信度检验。

首先，通过阅读国内外文献，回顾已有的集团公司组织类型和全面预算管理模式的研究成果，发现现有理论研究的缺口，明确研究的科学问题和研究思路；对战略规划型、财务控制型、战略控制型集团公司以及集权型、分权型、折中型全面预算管理模式进行对比分析，得出三类预算管理模式的优势和劣势，并在比较分析的基础上，进一步提出不同预算管理模式实施过程中需要注意的问题。

其次，多方搜集资料，确保基础信息的真实性和可靠性。第一，通过与企业主管预算的高管进行沟通，直接获取一手资料；第二，通过与咨询公司合作，深入企业观察和搜集集团公司及其预算管理的关键细节和重要数据；第三，通过对网上的二手资料进行甄别，辅助分析。

最后，将研究的结果和构建的模型向集团高管和咨询公司的咨询顾问进行反馈，征求意见，并对模型逐步进行修正，使适配模型更加稳定科学。

6.4 案例企业简介

6.4.1 神华集团组织类型与全面预算管理模式特征描述

神华集团有限责任公司总部设在北京，是中央直管国有重要骨干企业之一，2015年在全球500强企业中排名第196位。神华集团以煤炭为基础，形成了产运销、上中下游三位一体的纵向一体化格局。

神华集团对下属单位进行直线式的统一领导，同时总部的职能部门也充分发挥其专业指导作用，其组织结构基本上属于直线职能型（U型）。神华集团的组织结构和预算管理情况的概括描述，见表6-5和表6-6。

表6-5 **自变量：神华集团组织类型特征描述**

	特征描述
战略规划功能	集团总部对集团整体战略进行规划，通过构建产运销协同调度平台、人财物资源整合平台、一体化纵向管理平台、"两横一纵"信息化平台实现集团管控、资源整合以及业务协同，进行子公司间的横向协调
集团职权范围	集团总部在集团范围内进行资源配置，统管集团内一切生产经营活动，集中采购，统一销售，负责各下属公司二级管理团队及业务骨干人员的选拔、任免；集团以自建光纤数字传输系统为主、以租用电信公网数字电路为辅，搭建集团内部基础数字通信传输网络平台；除了网络建设和信息化建设外，集团总部还为各个子公司提供人员培训、技术研发等中央服务，提供全面的政策支持
子公司职权范围	子公司是实现集团整体战略的重要组成部分，是战略执行和业务运营主体，经营决策自主权很弱
绩效考核方式	神华集团对各个责任主体进行考核，考核内容比较广泛，考核涉及各个环节和过程

表6-6 **因变量：神华集团全面预算管理模式特征描述**

	特征描述
组织结构	集团总部是决策机构，确定预算目标及对分部的分解依据，是集团预算的编制者和下达者；子公司和成员单位对集团下发的预算指标进行分解，更多体现为预算执行主体
内容范围	集团全面预算在预算目标确定的基础上，将一切经营活动所消耗的财务资源全部纳入预算体系。集团投资预算、筹资预算和专项预算等与集团战略密切相关的战略预算都由集团总部进行编制。同时，对于重点业务预算，集团通过对关键指标的掌控影响子公司业务预算的编制
编制流程	总体上是按照从上至下的预算指标分解程序，集团设定的战略目标下达到各部门和子公司后被层层分解，下放到最小的业务单元，分级编制，逐级汇总
预算监控	"三步走"战略，即"横向到边，纵向到底"的全方位预算执行体系、严格的预算调整监控体系以及严格的预算报告反馈体系
预算评价	集团对预算各级主体进行全面考核。月度考核与年度考核相结合，考核主体全面广泛，从各单位到各责任部门，再到区队、班组，层层都有考核指标，人人都有指标，考核的结果与工资挂钩

131

6.4.2 国投集团组织类型与全面预算管理模式特征描述

国家开发投资公司总部设在北京，是国务院批准设立的国家投资控股公司和中央直接管理的国有重要骨干企业。目前，国投集团旗下设有11家全资子公司、12家控股子公司，并有8家控股上市公司。国投集团主要包括电力、煤炭、物流、交通、高科技、金融和国资经营7大板块。在国资委年度业绩考核中，连续11年获得A级，并在连续3个任期考核中成为"业绩优秀企业"。

国投集团实施"集团总部—子公司—投资企业"三个层次的组织管理体系，构筑了决策层、管理层和经营层的母子公司框架，基本属于控股公司结构（H型）。国投集团的组织结构和预算管理情况的概括描述，见表6-7和表6-8。

表6-7 　　　　　　　　**自变量：国投集团组织类型特征描述**

	特征描述
战略规划功能	国投集团总部制定集团层面发展战略，包括"一流"战略、区域发展战略、协同发展战略、节能环保新能源战略、"走出去"战略和人才强企战略。各业务板块间有部分的横向沟通，必要时集团出面协调
集团职权范围	集团通过控股参股的形式实施投资决策，利用人力、财务等关键手段，借助信息化手段进行集团内部资源的配置；集团总部在集团范围内规范业务发展的组织结构、管理流程和业务流程，明确职能部门和子公司的机构、岗位和职责，并通过核算系统、合并报表系统和预算系统等信息化平台，为其下属子公司和控股企业提供基础的中央服务，为成员间沟通协调提供了必要的基础设施
子公司职权范围	子公司在集团总部的宏观调控下，拥有一定的经营决策自主权，但是要受到集团的监督
绩效考核方式	把握重点，考核对象为关键的管理人员，考核指标也以关键指标为主

表6-8 　　　　　　　　**因变量：国投集团全面预算管理模式特征描述**

	特征描述
组织结构	集团总部是战略筹划者，审批平衡者和重点调控者；子公司或成员单位为预算编制参与者和预算执行者
内容范围	集团总部和子公司层面编制费用预算、投资预算、长短期贷款等具有战略意义的预算，控股企业具体编制业务预算、资本预算、资金预算、财务预算、主要经营指标预算等
编制流程	集团全面预算属于以全面预算归口部门为分节点的"归口审批，两上两下"预算编制流程。"两上"体现在控股公司和投资部/子公司编制预算提交上级预算归口部门审核；"两下"体现在集团总部和投资部/子公司的经营管理部对下级预算的审批平衡
预算监控	集团全面预算的编制、监控与评价重点都在关系集团的所有重大领域、重要方面和重点指标，在所有重大领域发挥"有形的手"的作用
预算评价	建立多维度的定额体系，并对各项定额进行考核监督。对获准通过的业务预算进行监控，按照预算监控的关键指标进行考核

6.4.3　华润集团组织类型与全面预算管理模式特征描述

华润（集团）有限公司注册于香港，是隶属于国资委的大型央企。目前，华润集团下设7大战略业务单元、16家一级利润中心，实体企业近2 000家，采用区域事业部制管理，连续10年获得国资委A级央企称号，央企业绩考核也名列前茅，2016年在全球500强企业中排名第91位。

华润集团对业务相近的企业及同类投资项目进行合并重组，形成战略业务单元，实行统一经营管理。按照"利润中心专业化"的原则，做专、做大、做强，发展成为专业化的上市公司，基本属于事业部制（M型）。华润集团的组织结构和预算管理情况的概括描述，见表6-9和表6-10。

表6-9　　　　　　　　**自变量：华润集团组织类型特征描述**

	特征描述
战略规划功能	集团总部制定集团长期发展战略，子公司根据各自的业务特征和资源状况分别制定各自的战略规划，集团不做硬性规定和强制干涉。各利润中心及子公司间业务联系并不紧密，它们之间的横向协调也需要自己进行
集团职权范围	集团总部作为控股公司，从事资本运作，制定集团战略，管理主要资产、主要业务和主要盈利来源，建立具竞争力的组织和管理架构，建立具核心竞争力的生意模型，在此基础上行使对一级利润中心的统一管理权利；集团公司负责企业文化的培育，必要的信息基础设施建设等由集团提供
子公司职权范围	各利润中心和子公司作为资产经营者，享有授权内开展业务活动所需要的一切经营管理权，目标是实现集团的预期战略和期望业绩
绩效考核方式	集团引入平衡计分卡，对财务、顾客、流程和学习等维度考核重要的战略指标，尤其是集团口径和上市公司口径的财务指标，如营业额、经营利润、净利润、总资产、净资产、ROE等指标。同时，考核各个利润中心营业额、经营利润和毛利率等的内涵式和外延式增长情况。除此之外，业绩评价也是利润中心经理人考核的重要内容

表6-10　　　　　因变量：华润集团全面预算管理模式特征描述

	特征描述
组织结构	集团总部是控股公司身份，总部充当资本运作中心，根据市场环境与集团战略，确定预算目标；各个利润中心以及下属成员单位根据集团总部的预算目标逐级编制具体的预算，并将预算交由集团审核
内容范围	集团总部和子公司在全面预算的编制上各有分工，集团总部主要进行资本管理，审定资本预算，并分配资本；子公司主要进行具体运营，侧重业务预算
编制流程	集团主要采用自下而上的预算编制程序，子公司根据母公司集中认定的预算目标，结合自身的经营战略由下而上来进行预算的编制，集团总部对此干预较少，子公司在业务预算的编制上具有很大的自主性
预算监控	华润集团通过资金计划管理体系和财务报告体系"两大基石"在不影响子公司独立运作、正常经营的情况下，以目标为导向对获准通过的业务预算进行监控
预算评价	集团利用业绩合同管理严格进行预算结果的考核，考核关键指标（KPI），不同的利润中心考核的关键指标有所差异

6.5 ————组织类型与全面预算管理模式匹配分析————

6.5.1 神华集团组织类型与全面预算管理模式匹配分析

（1）神华集团战略规划型组织模式的特征分析

从表6-5可以看出，神华集团的一切生产经营活动都集中在总部的统一指挥下进行，子公司的"供产销"和"人财物"都由集团总部统管，集团总部设立职能部门协助总经理管理各子公司的业务工作。从战略规划功能、集团职权范围、子公司职权范围、绩效考核方式等方面来看，神华集团的特征都与战略规划型集团公司相符，属于全面控制和全程控制。

（2）神华集团集权型全面预算管理模式的特征分析

从表6-6可以看出，从组织结构的设置、预算内容与范围、预算编制、预算监控到预算评价，神华集团的全面预算管理均表现为全面性的整体特征。它既强调预算管理的战略目标导向，同时又将全部的资源纳入到预算中，强调预算的全程规划、全程控制和全面考核。它的全面预算管理符合集权型全面预算管理模式的典型特征。

（3）神华集团全面预算的实施效果分析

神华集团自1998年引入预算管理以来，已经走过了16年。刘凌冰等（2015）对神华集团预算管理系统进行了系统研究后认为，经过多个发展阶段，神华集团的全面预算管理已进入"成为战略支持工具"的发展阶段。神华集团提出了"价值溯源、业务求本、三位一体"的全面预算管理体系方案，搭建起高效的预算管理和决策支持的管理会计体系。通过访谈得知，企业高层和各部门对预算工作具有较高的关注度，预算能够一定程度上帮助提升企业的业务工作效率。神华集团最大的子公司神东煤炭公司财务部经理向我们反馈，其主要预算指标的预实差异率能够控制在10%以内。神华集团也因全面预算管理荣膺"2012年度管理会计实践奖"。由此可见，神华集团的全面预算管理取得了良好的效果。

（4）集权型全面预算管理模式的适配机理分析

神华集团在全面预算管理模式适配的四个影响因素上反映出的主要特征为高业务关联度（具体表现为纵向一体化模式）、集中的地域分布、全能型的总部和专业化的集团发展战略。从内部因素来看，专业化战略属于战略层面，全能型总部属于管理层面，高业务关联度属于业务层面；从外部影响因素来看，地域分布则属于地理环境的限制。

内外部影响因素相互影响、相互作用，作为纽带最终将集团公司类型与全面预算管理模式匹配起来。神华集团以专业化的发展战略为指导，受各成员单位间业务关联度高、纵向一体化模式、区域分布相对集中等因素的综合作用，总部统管人财物、供产销，提供共享服务并进行横向协调，逐步发展成为战略规划型集团公司。总部的管理能力和水平逐步提高，发展成为全能型总部。全面预算作为一项战略手段和系统工程，应当与集团类型相匹配。正是由于集团总部的权利和能力较大，子公司的自主权相对较弱，所以神华集团的预算表现为总部统筹兼顾、全程规划、全程控制和全面考核。一方面，专业化的集团发展战略影响到了集团组织类型和全面预算管理模式的选择；另一方面，集权型全面预算管理模式和战略规划型集团公司的匹配，有助于实现集团的整体战略。集权型全面预算管理模式的适配机理，如图6-2所示。

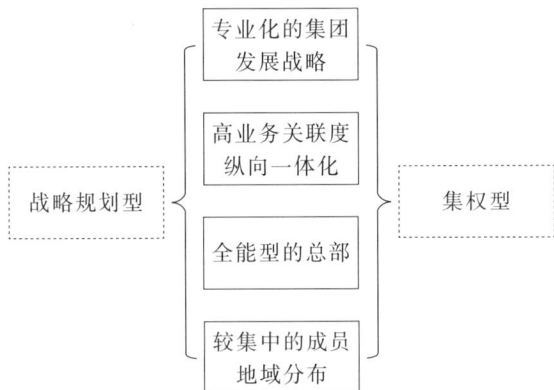

图6-2　神华集团集权型全面预算管理模式的适配机理

综上，神华集团的组织管理模式属于战略规划型，其全面预算管理模式属于集权型，预算实施效果良好，说明战略规划型集团公司适宜采用集权型全面预算管理模式，H6-1得到了验证。

6.5.2　国投集团组织类型与全面预算管理模式匹配分析

（1）国投集团战略控制型组织模式的特征分析

从表6-7可以看出，国投集团在立足实业的基础上，开展多元化经营。集团总部既是战略的筹划者，又是放权制度下人财物等关键领域的监控者。子公司和控股企业拥有一定程度的经营自主权。从战略规划功能、集团职权范围、子公司职权范围、绩效考核方式等方面来看，国投集团符合战略控制型集团公司的特点。

（2）国投集团折中型全面预算管理模式的特征分析

从表6-8可以看出，国投集团的全面预算既不属于集权型，也不属于分权型，它的全面预算管理体现了战略筹划、重点调控、集权与分权相结合的综合特征。从组织结构的设置、预算的内容与范围、预算编制、预算监控到预算评价的特征可以判断，国投集团全面预算属于折中型全面预算管理模式。

（3）国投集团全面预算的实施效果分析

国投集团自1997年引入预算管理以来，一直不断改进和完善，目前其全面预算管理取得了较好的效果。通过访谈得知，国投集团高层非常重视全面预算管理信息化建设，各部门对预算工作具有高度的参与积极性。刘凌冰等（2014）的研究也发现，国投集团利用信息化预算系统，提高了预算数据收集、指标测量、信息反馈、预算报告编制及整合过程的效率和效果，实现了"分业务、多维度"的从定额到考核的闭环预算管理体系的构建。长短期目标相融合的闭合式螺旋式上升的循环体系帮助国投集团更加有效地实现全面预算管理的预期效果，为其他同类企业的全面预算系统建设提供了有益的启示和借鉴。

（4）折中型全面预算管理模式适配机理分析

在国投集团中，全面预算管理模式适配的影响因素的特征为主导型多元化的集团发展战略、适中的业务关联度（较高的多元化程度）、母子公司适度分权和较分散的地域分布。从内部因素来看，主导型多元化战略属于战略层面，母子公司适度分权属于管理层面，适中业务关联度（较高的多元化程度）属于业务层面；从外部影响因素来看，地域分布则属于地理环境的限制。

在以实业为重点的主导型多元化的发展战略的指导下，在各成员单位间业务关联度适中、多元化程度较高但主业突出、成员单位分布较分散等因素的综合作用下，国投集团划分成四大战略业务单元，实施集团化、专业化和差异化管理，集团总部抓主要矛盾，在战略、人力、财务等重点领域实施集权控制，在经营领域给予子公司和控股企业一定自主权，发展成为战略控制型集团公司。为了与集团的类型和控制模式相匹配，国投集团的全面预算采用折中型，它的预算管理表现为战略指导、重点编制、重点监控、重点考核。一方面，其主导型多元化的集团发展战略影响到了集团类型和全面预算管理模式的选择；另一方面，折中型全面预算管理模式和战略控制型集团公司的匹配，有利于其整体战略的实现。国投集团折中型全面预算管理模式的适配机理，如图6-3所示。

137

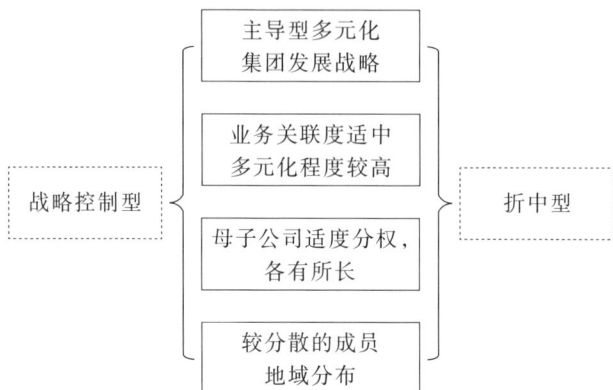

图6-3 国投集团折中型全面预算管理模式的适配机理

综上，国投集团的组织管理类型属于战略控制型，其全面预算管理模式属于折中型，其预算的实施效果良好，说明战略控制型集团公司适宜采用折中型全面预算管理模式，H6-2得到了验证。

6.5.3 华润集团组织类型与全面预算管理模式匹配分析

（1）华润集团财务控制型组织模式的特征分析

从表6-9可以看出，华润集团给予子公司和成员单位较大的经营自主权，子公司走专业化道路，集团走非关联型多元化战略，两者分工明确。从战略规划功能、集团职权范围、子公司职权范围、绩效考核方式等方面来看，华润集团的特征都与财务控制型集团公司相符，属于结果控制和财务控制。

（2）华润集团分权型全面预算管理模式的特征分析

从表6-10可以看出，华润集团的全面预算管理与神华集团相比，最突出的特点就是子公司在全面预算管理上拥有更大自主权。集团总部和子公司分工明确，各有侧重，在不影响子公司财务独立运作的前提下实施监控，并着重对预算结果进行考核。由此可见，从组织结构的设置、预算的内容与范围、预算编制、预算监控到预算评价的特征可以判断，华润集团全面预算具备分权型全面预算管理模式的典型特征。

（3）华润集团全面预算实施效果分析

2004年，就有学者认为华润集团是一个股权关系复杂的多元化大型集团公司，6S管理体系是较为有效的管理系统（蒋伟和魏斌，2004）。池国华（2006）采用案例研究方法考察了华润集团的6S管理模式，认为这一体系实质上形成了一个完善的管理控制系统，涵盖战略制定、战略实施等整个战略管理过程，保障了战略目标的实现。汤谷良和王斌（2009）指出，华润集团6S管理体系不仅是华润集团自身重塑组织结构、推进战略执行力的管理控制系统，更重要的是在实践中为中国多元化集团公司的控制系统和组织结构的建设提供了极具示范性的标杆路径。从上述学者的研究可以看出，华润集团的6S管理体系取得了成功，作为其重要组成部分的全面预算管理模式也发挥了重要的作用。

（4）分权型全面预算管理模式适配机理分析

华润集团全面预算管理模式适配的影响因素的主要特征为低业务关联度（高多元化程度）、分散的地域分布、专业化的利润中心和非关联型多元化的集团发展战略。从内部因素来看，非关联型多元化战略属于战略层面，专业化的利润中心属于管理层面，低业务关联度（高多元化程度）属于业务层面；从外部影响因素来看，地域分布则属于地理环境的限制。

以非关联型多元化的发展战略为指导，受各成员单位间业务关联度低、多元化程度高、成员单位分布分散等因素的综合作用，华润集团划分成7大战略业务单元，实行统一经营管理。按照"利润中心专业化"的原则，做"专"、做"精"，利润中心的专业能力和水平显著增强。集团总部注重进行战略规划，从事资本运作，发展成为财务控制型集团公司。为了与集团的类型和控制模式相匹配，华润集团的全面预算采用分权型，它的预算管理表现为集团明确板块预算目标，以目标为导向实施监控，侧重对结果的考核。一方面，其非关联型多元化的集团发展战略影响到了集团类型和全面预算管理模式的选择；另一方面，分权型全面预算管理模式和财务控制型集团公司的匹配，有助于这一集团战略的实现。华润集团分权型全面预算管理模式的适配机理，如图6-4所示。

综上，华润集团的组织管理模式属于财务控制型，其全面预算管理模式属于分权型，其预算的实施效果良好，说明财务控制型集团公司适宜采用分权型全面预算管理模式，H6-3得到了验证。

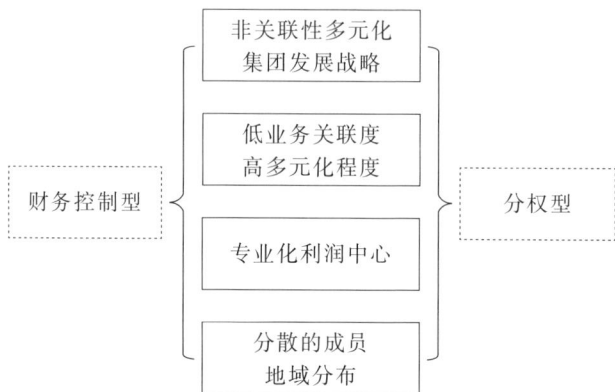

图6-4 华润集团分权型全面预算管理模式的适配机理

6.6 — 研究结论与建议

6.6.1 主要结论

通过理论分析、理论构建和案例论证，得出以下结论：

第一，当一个集团公司组织结构模式为直线职能型（U型）时，集团充当全能型总部，作为战略和业务决策中心统管集团的一切生产经营活动，提供中央共享技术服务和子公司间横向协调，实施全面全程考核。同时，子公司充当战略执行和业务运营主体，但经营决策自主权较弱。这种情况下，该类集团属于战略规划型集团公司，适宜采用集权型全面预算管理模式，具体表现如下：集团总部是预算决策机构，是集团预算的编制者和下达者，子公司基本不参与预算的编制，更多体现为预算执行主体；集团总部强化预算的资源规划功能，在预算目标确定的基础上将一切经营活动所消耗的财务资源全部纳入预算体系，编制流程主要以自上而下的方式为主，集团通过预算财务指标的综合性特征对下属单位实施控制，对全面预算管理进行全面综合评价。

第二，当一个集团公司组织结构模式为控股公司结构（H型）时，集团充当宏观调控者，重点管理供产销和人财物等关键管理权，在战略层面制定管理制度和设置相应机制等来协调各子公司间关系以创造战略协同效应，提供独特的和必要的中央服务，把握管理重点环节，以考核关键人员和关键指标为主。同时，子公司拥有一定的经营决策自主权。这种情况下，该类集团属于战略控制型集团公司，适宜采用折中型全面预算管理模式，具体表现如下：集团总部根据市场环境与集团战略，提出集团战略预算大纲和预算假设，对成员单位编制的预算进行审批和下达，编制流程主要以上下结合的方式为主，总部着重审核各子公司的重点业务预算，对获准通过的业务预算进行全方位的监控，按照预算监控的关键指标进行考核评价。

第三，当一个集团公司组织结构模式为事业部制（M型）时，集团总部作为投资组合决策中心，主要负责集团的战略和财务业务，集团根据需要提供必要的共享服务，只对下属单位的一把手进行考核，考核内容为重要的战略指标，特别注重财务业绩的考核；同时，各子公司拥有充分的经营决策自主权，各个子公司间自行协调和规划。这种情况下，该类集团属于财务控制型集团公司，适宜采用分权型全面预算管理模式，具体表现如下：集团总部确立导向型的预算目标，主要进行资本管理，审定资本预算并分配资本，子公司主要进行具体运营，享有较为充分的预算决策权并可根据情况变化进行预算调整，预算编制流程主要以自下而上的方式为主，集团总部利用预算监控来保证预算目标的实现，但预算监控以不损害各子公司独立财务运作为前提，集团总部通过对子公司的预算考核和经营业绩评价，以确定"继续持有"或"卖出"子公司。

6.6.2　建议

我们提出的集团公司全面预算管理模式适配模型对我国集团型企业提升全面预算管理成熟度具有一定借鉴意义，根据前述对案例企业全面预算管理模式的经验总结和分析，我们对其他集团企业优化预算管理工作提出以下建议：

第一，实施企业全面预算管理的前提是正确划定集团公司的组织机构类型。根据集团公司组织结构的特点，通过战略规划功能、集团职权范围、子公司职权范围、绩效考核方式等四个维度的基本特征，确认集团所属的组织结构类型，在此基础上，再寻求与之相匹配的全面预算管理模式。

第二，根据集团公司的组织机构类型选择和设计全面预算管理的实施方案。当集团公司的特征符合战略规划型集团公司的总体特征时，应选择集权型全面预算管理模式；当集团公司的特征符合战略控制型集团公司的总体特征时，应选择折中型全面预算管理模式；当集团公司的特征符合财务控制型集团公司的总体特征时，应选择分权型全面预算管理模式。

第三，遵循权变原则对全面预算管理进行实时改进。不同的企业面临着不同的经营环境，进而对预算管理的功能提出不同的要求，权变理论特别重视对组织内外部条件的研究，要求结合实际，具体问题具体分析，选用适当的管理模式和方法，才能取得预期的成效（佟成生等，2011）。企业全面预算管理具有动态性和历史演进性（刘凌冰等，2015），因此，全面预算管理模式也不是一成不变的，任何集团公司都必须结合企业实际综合考虑，逐步构建并且需要随着各种影响因素的变化而不断修正全面预算管理模式，在实践的探索中逐步完善。

在对神华、华润和国投集团全面预算管理案例成功经验的实地调研中，我们还发现，提升全面预算管理的实施效果，除了匹配相应的环境，还应关注以下三个方面的问题：

一是做好全面预算管理的制度建设。制定全面预算管理体系纲领性文件，规范全面预算管理，使其有章可循；系统部署时要建立标准业务流程、编码体系、统一的接口规范体系等。

二是掌握全面预算管理的重点和力度。战略规划型集团公司总部需要全面规划、全程控制、全面考核，可以借鉴神华集团的预算管理体系设计和实施经验；战略控制型集团公司旨在抓主要矛盾，实施战略筹划、重点调控，可以借鉴国投集团的预算管理体系设计和实施经验；财务控制型集团公司重在结果导向和结果控制，可以借鉴华润集团的预算管理体系设计和实施经验。

三是克服各种预算管理模式的固有缺陷。前文分析了三种全面预算管理模式的缺点，要进一步提升全面预算的管理效果，应克服这些缺陷。

对于集权型全面预算管理模式，在实施过程中，首先要提高集团总部编制预算的合理性，充分调动子公司的积极主动性。集团总部的预算部门在制定预算目标的过程中，一方面要提高人员的素质，多关注市场行情的变化，多了解各子公司的经营情况；另一方面应利用子公司相关人员的专业经验，在两者结合的基础上提高预算编制的合理性。其次，集权型全面预算管理模式中，子公司的积极性可能比较低，这就需要建立浓厚的企业预算文化，积极灌输预算管理的思想。例如，给子公司的高层管理人员和参与预算的关键人员召开主题会议和进行培训，向他们阐释预算的重要性，灌输子公司可以共同分享集团整体价值创造成果的思想，通过各种激励手段调动子公司执行预算的积极性。

对于分权型全面预算管理模式，在实施的过程中需要克服预算松弛问题。一方面可以从预算编制的源头上入手，集团总部利用集团在子公司的股权对预算编制的过程施加影响，将集团的战略贯彻其中，提高预算目标的合理性；另一方面不要仅仅关注最终结果，以预算执行的结果作为考评的重要依据，日常也要关注预算的执行过程，而且在考核指标中加入过程指标，兼顾结果和过程。

对于折中型全面预算管理模式，在实施的过程中需要重点关注如何提高预算编制的效率以及预算大纲的导向选择。一方面，集团总部和子公司进行预算协调的过程中，要积极沟通，既保证双方利益又要提高效率。另一方面，集团总部在制定预算大纲时，既要表达短期经营计划，又要能体现长期战略。

综上，本章开展的构建全面预算管理适配模型研究的结论启示集团公司，在实施全面预算管理前需要明确集团公司类型，并选择与之相匹配的全面预算管理模式，在实施中关注各个预算流程的管理重点，把握好管理的力度。同时，在全面预算管理的全过程中要根据权变原则适时调整，使其更加灵活、有效，才能使全面预算管理实施"事半功倍"，才能让预算成为企业战略落地的"有力武器"。

主要参考文献

[1]《管理会计应用与发展典型案例研究》课题组. 我国集团公司预算管理运行体系的新模式——中原石油勘探局案例研究 [J]. 会计研究, 2001 (8): 32-42.

[2] 安索夫. 战略管理 [M]. 邵冲, 译. 北京: 机械工业出版社, 2010.

[3] 蔡剑辉. 预算的职能冲突与协调对策研究 [J]. 会计研究, 2009 (12): 55-59.

[4] 陈文波, 黄丽华, 陈琪彰, 等. 企业信息系统实施中的意义建构: 以S公司为例 [J]. 管理世界, 2011 (6): 142-151.

[5] 陈向明. 从一个到全体——质的研究结果的推论问题 [J]. 教育研究与实验, 2000 (2): 1-7.

[6] 陈志军. 母子公司管控模式选择 [J]. 经济管理, 2007 (3): 34-40.

[7] 程新生, 李春荞, 朱琳红, 等. 参与式预算行为实验研究 [J]. 会计研究, 2008 (5): 53-60.

[8] 程新生, 罗艳梅, 马竞超, 等. 参与式环境下紧控制、棘轮对预算影响的实验研究 [J]. 当代财经, 2011 (1): 74-84.

[9] 池国华, 邹威. 关于全面预算管理的若干认识 [J]. 财务与会计, 2015 (1): 17-20.

[10] 池国华. 华润集团的6S管理体系 [J]. 经济管理, 2006 (21): 86-88.

[11] 崔学刚, 谢志华, 刘辉. 预算功

能彰显及其绩效研究——基于我国企业预算管理调查问卷的实证检验 [J]. 中国会计评论，2011（2）：173-190.

[12] 邓传洲，刘峻勇，赵春光. 基于预算的考核、预算氛围和预算副效应 [J]. 会计研究，2008（4）：70-77.

[13] 邓德强，刘昊天，谢华，等. 外在控制与自我控制在抑制预算松弛中的作用：基于差异调查和道德认知的实验研究 [J]. 会计研究，2014（4）：49-57.

[14] 董伟，张朝宓. 集团型预算管理的模式——江苏省电力公司预算管理的实地研究报告 [J]. 财务与会计，2001（10）：14-16.

[15] 杜荣瑞，肖泽忠，周齐武. 中国管理会计研究述评 [J]. 会计研究，2009（9）：72-80、97.

[16] 冯巧根. 会计控制的委托代理分析 [J]. 会计研究，2000（11）：20-24.

[17] 冯巧根. 基于环境不确定性的管理会计对策研究 [J]. 会计研究，2014（9）：21-28、96.

[18] 冯雪莲，汤小青. 传统的预算、改善的预算与超预算的协调功能 [J]. 管理世界，2006（8）：152-153.

[19] 高晨，汤谷良. 管理控制工具的整合模式：理论分析与中国企业的创新——基于中国国有企业的多案例研究 [J]. 会计研究，2007（8）：68-75、96.

[20] 高晨，汤谷良. 交互预算：应对战略不确定性、契合管理控制的新机制——基于天津一汽丰田公司的案例研究 [J]. 会计研究，2010（9）：51-58.

[21] 高严，柴静. 预算松弛：基于预算目标难度的实证分析——从MBO及其思想演进的角度 [J]. 江西财经大学学报，2010（1）：34-38.

[22] 高勇强，田志龙. 母公司对子公司的管理和控制模式研究 [J]. 南开管理评论，2002（4）：28-31.

[23] 葛晨，徐金发. 母子公司的管理与控制模式——北大方正集团、中国华诚集团等管理与控制模式案例评析 [J]. 管理世界，1999（6）：190-196.

［24］贡华章. 企业集团财务管理——中国石油财务管理与改革实践［M］. 北京：经济科学出版社，2009.

［25］韩倩倩，潘爱玲. 预算管理的理论演进与实践发展：综述及启示［J］. 华东经济管理，2010（5）：149-152.

［26］胡国柳，孙楠. 管理者过度自信研究最新进展［J］. 财经论丛，2011（4）：111-115.

［27］胡秋红，梁永鑫. 现金流量：电网企业预算管理的金钥匙——基于以现金流量为核心的预算管理模式的应用研究［J］. 高等财经教育研究，2014（1）：30-33.

［28］黄炳坤. 信息不对称的负面影响、产生原因及治理办法［J］. 情报资料工作，2002（S1）：18-19.

［29］黄文. 企业集团财务控制模式设计：影响因素与基本取向［J］. 财会月刊，2011（19）：59-61.

［30］姜树广，谯倩. 实地实验及其在经济学中的应用［J］. 经济评论，2012（5）：134-143.

［31］蒋东生. 集团公司预算管理制度设计［J］. 管理世界，2006（8）：150-151.

［32］蒋伟，魏斌. 如何进行企业业绩评价与考核——华润集团6S管理体系的运行实践［J］. 财务与会计，2004（1）：17-20.

［33］李方叶，张晓燕. 企业集团母子公司管控的三种模式［J］. 经济与管理，2015（3）：55-58.

［34］李国忠. 企业集团预算控制模式及其选择［J］. 会计研究，2005（4）：47-50、95.

［35］李苹莉，宁超. 关于经营者业绩评价的思考［J］. 会计研究，2000（5）：21-26.

［36］李三存. 集团公司财务管理模式探讨［J］. 财会研究，2002（7）：41-43.

［37］李志斌. 我国预算管理研究现状与展望［J］. 财会通讯，2006（5）：70-72.

［38］李志斌. 组织转型视角的预算管理研究［J］. 会计研究，2006

（11）：53-60.

　　［39］廖敏霞. 我国企业实施全面预算管理的实践与探讨［J］. 企业经济，2013（5）：42-45.

　　［40］刘浩，许楠，时淑慧. 内部控制的"双刃剑"作用——基于预算执行与预算松弛的研究［J］. 管理世界，2015（12）：130-145.

　　［41］刘俊勇，鲍来超，孙健. 个体风险偏好特征与激励方案对预算松弛的影响——基于实验的研究［C］. 中国会计学会2011学术年会论文集，2011.

　　［42］刘俊勇，李鹤尊. 预算管理系统分析框架的开发：基于管理控制的视角［J］. 财务研究，2017（1）：69-77.

　　［43］刘凌冰，韩向东，李斌. 国投集团全面预算系统建设的实践与启示［J］. 财务与会计，2014（3）：24-25.

　　［44］刘凌冰，韩向东，杨飞. 集团企业预算管理的演进与意义建构——基于神华集团1998—2014年的纵向案例研究［J］. 会计研究，2015（7）：42-48、96.

　　［45］刘凌冰，韩向东. 企业全面预算管理成熟度模型构建研究［J］. 财务研究，2015（5）：15-25.

　　［46］刘凌冰，孙振，韩向东. 预算沟通：动因、形式与效果——基于中国企业深度调查的经验证据［J］. 会计研究，2016（7）：81-88.

　　［47］刘凌冰，张天昊，韩向东. 集团公司全面预算管理模式适配模型研究——基于神华、华润和国投集团的多案例分析［J］. 财务研究，2016（6）：39-53.

　　［48］刘学，项晓峰，林耕，等. 研发联盟中的初始信任与控制战略：基于中国制药产业的研究［J］. 管理世界，2006（11）：90-100.

　　［49］刘永泽，张亮. 我国政府部门内部控制框架体系的构建研究［J］. 会计研究，2012（1）：10-19.

　　［50］罗乾宜. 大型央企集团财务治理模式及其制度创新［J］. 会计研究，2012（4）：50-57.

　　［51］马新智，王建军，郑石桥. 预算功能：一个权变理论基础的实证分析［J］. 新疆大学学报：哲学·人文社会科学版，2007，35（6）：9-14.

[52] 毛洪涛，程军，邓博夫. 预算报告编制参与、调整及其决策价值 [J]. 会计研究，2013 (8)：81-88.

[53] 南京大学会计学系课题组. 中国企业预算管理现状的判断及评价 [J]. 会计研究，2001 (4)：15-29.

[54] 欧佩玉，王平心. 作业基础预算模型研究 [J]. 当代财经，2004 (6)：122-124.

[55] 潘飞，陈世敏，文东华，等. 中国企业管理会计研究框架 [J]. 会计研究，2010 (10)：47-54.

[56] 潘飞，郭秀娟. 作业预算研究 [J]. 会计研究，2004 (11)：48-52.

[57] 潘飞，文东华. 实证管理会计研究现状及中国未来的研究方向——基于价值管理视角 [J]. 会计研究，2006 (2)：81-86.

[58] 潘飞. 预算制定在国有企业经理人薪酬契约中的激励作用 [M]. 大连：大连出版社，2010.

[59] 潘秀丽. 论预算管理体系的改进 [J]. 中央财经大学学报，2005 (1)：66-69.

[60] 乔雪莲. 母子公司管控模式设计及其影响因素的实证研究 [D]. 天津：天津大学，2011.

[61] 秦杨勇. 集团管控：中国最佳实践经典案例解析 [M]. 北京：中国经济出版社，2011.

[62] 任海云. 公司治理对 R&D 投入与企业绩效关系调节效应研究 [J]. 管理科学，2011，24 (5)：37-47.

[63] 芮明杰. 管理学：现代的观点 [M]. 上海：上海人民出版社，1999.

[64] 邵互云. 内部风险控制与全面预算管理综合运用探讨 [J]. 中外企业家，2014 (4)：142-143.

[65] 石爱中. 从内部控制历史看内部控制发展——内部控制的信息化改造 [J]. 审计研究，2006 (6)：3-7.

[66] 宋仲玲. 投资行为中的突显、过度自信、高估现象研究 [J]. 心理科学，2008 (6)：1489-1492.

［67］苏林峰. 关于业务与财务融合的预算管理模式研究［J］. 会计之友，2012（4）：66-68.

［68］隋玉明. 以全面预算管理为核心的企业内部控制研究［J］. 财务与金融，2013（5）：63-70.

［69］孙光国，赵健宇. 产权性质差异、管理层过度自信与会计稳健性［J］. 会计研究，2014（5）：52-58、95.

［70］汤谷良，李苹莉. 系统架构我国企业的预算管理［J］. 财政研究，2000（2）：49-52.

［71］汤谷良，王斌，杜菲，等. 多元化企业集团管理控制体系的整合观——基于华润集团6S的案例分析［J］. 会计研究，2009（2）：53-60、94.

［72］佟成生，潘飞，吴俊. 企业预算管理的功能：决策，抑或控制？［J］. 会计研究，2011（5）：44-49.

［73］万文飞，唐卫宇. 论我国企业集团财务控制模式的选择［J］. 经济研究导刊，2009（11）：159-160.

［74］王斌，潘爱香. 预算编制、预算宽余与预算文化：基于战略管理工具视角［J］. 财政研究，2009（2）：78-80.

［75］王斌. 企业预算管理及其模式［J］. 会计研究，1999（11）：20-24.

［76］王斌. 公司预算管理研究［M］. 北京：中国财政经济出版社，2006.

［77］王昶，姚海琳. 母子公司管理控制方式及其影响因素的实证研究［J］. 南开管理评论，2011（3）：63-71.

［78］王海妹，张相洲. 管理控制中的行为因素研究——基于预算参与的视角［J］. 财经问题研究，2009（6）：110-117.

［79］王钦，张云峰. 大型企业集团管控模式比较与总部权力配置［J］. 甘肃社会科学，2005（3）：212-214.

［80］王修平. 企业全面预算编制中的预算假设探析［J］. 现代经济信息，2014（2）：143.

［81］韦德洪. 企业全面预算管理现状分析与思考——来自广西企业

的问卷调查报告 [J]. 财会通讯，2004（14）：3-15.

[82] 温忠麟，侯杰泰，张雷. 调节效应与中介效应的比较和应用 [J]. 心理学报，2005，37（2）：268-274.

[83] 巫升柱. 企业集团母子公司财务控制系统构建研究 [J]. 当代经济科学，2003（3）：78-82.

[84] 吴春贤，杨立芳. 预算参与作用原因及参与程度的相互关系——基于调查问卷数据的实证研究 [J]. 财会通讯，2010（9）：121-123.

[85] 吴粒，王芳芳，袁知柱. 管理者预算参与对管理绩效影响的实证研究 [J]. 东北大学学报：自然科学版，2011，32（1）：149-152.

[86] 吴梅兰，刘勤志. 关于信息不对称问题的研究 [J]. 情报杂志，2006（6）：103-104.

[87] 吴水澎. 略论财务的本质及其他 [J]. 中国经济问题，1987（3）：35-39.

[88] 吴文婕，陈菊花. 我国预算管理理论和实践综述 [J]. 价值工程，2007（10）：117-120.

[89] 席酉民，梁磊，王洪涛. 企业集团发展模式与运行机制比较 [M]. 北京：机械工业出版社，2003.

[90] 向显湖，毛洁. 动态竞争战略下的全面预算管理 [J]. 财经科学，2012（6）：70-79.

[91] 许利波. 企业集团财务管理模式选择问题研究 [J]. 安徽工业大学学报：社会科学版，2005（5）：63-65.

[92] 许蔚君，罗绍德. 构建以战略为导向的全面预算管理 [J]. 会计之友（中旬刊），2010（9）：25-27.

[93] 阎达五，高晨. 论预算控制模式的改进 [J]. 会计论坛，2002（2）：3-11.

[94] 阎达五，杨有红. 内部控制框架的构建 [J]. 会计研究，2001（2）：9-14、65.

[95] 杨小舟. 预算是一把双刃剑 [J]. 新理财，2005（6）：44-48.

[96] 姚颐，刘志远，李冠众. 我国企业集团财务控制现状的问卷调查与分析 [J]. 会计研究，2007（8）：28-35.

［97］殷建红，孙玥璠．预算管理信息化六要素［J］．新理财，2007（3）：69-72．

［98］尹显炜．浅析企业集团对子公司的财务控制模式及其影响因素［J］．财经界：学术版，2012（6）：225．

［99］于李胜，江权．环境不确定性、公司战略、组织结构对预算控制紧度的影响——基于中国中小企业的调查研究［J］．管理会计学刊，2014（1）：110-129．

［100］于增彪，梁文涛．现代公司预算编制起点问题的探讨——兼论公司财务报告的改进［J］．会计研究，2002（3）：18-23、65．

［101］于增彪，袁光华，刘桂英，等．关于集团公司预算管理系统的框架研究［J］．会计研究，2004（8）：22-29．

［102］于增彪．预算——有用而又令人头痛的现代企业管理方法［J］．新理财，2003（3）：37-40．

［103］余明桂，李文贵，潘红波．管理者过度自信与企业风险承担［J］．金融研究，2013（1）：149-163．

［104］余绪缨．知识经济条件下管理会计的新特点［J］．中国经济问题，2004（2）：52-59．

［105］袁重生．基于子公司视角的央企集团管控模式选择研究［D］．北京：首都经济贸易大学，2014．

［106］张朝宓，卓毅，胡春香．当代西方预算管理研究综述［J］．外国经济与管理，2003，25（12）：18-22．

［107］张瑞君，朱以明，夏坤．集团财务战略执行力：纵向价值链的优化与信息集成策略——以中国电子信息产业集团为例［J］．管理世界，2007（4）：130-137、147．

［108］张先治，曲明，林琼辉．管理控制系统的程序与方法［J］．新理财，2004（6）：40-42．

［109］张先治，翟月雷．基于风险偏好的报酬契约与预算松弛研究［J］．财经问题研究，2009（6）：72-79．

［110］张先治，翟月雷．控制环境对预算控制系统的影响［J］．重庆理工大学学报：社会科学版，2010，24（11）：17-21．

[111] 张先治. 基于价值的企业集团预算控制系统——预算控制变量与预算控制标准确定 [J]. 财经问题研究, 2005 (6): 78-84.

[112] 张先治. 控制环境与管理控制系统演变 [J]. 求是学刊, 2004, 31 (2): 56-61.

[113] 张祎, 宋效中. 员工预算松弛诱因与影响机制 [J]. 经济问题, 2017 (6): 85-90.

[114] 章显中. 企业预算与资源优化配置 [J]. 中国农业会计, 2002 (12): 34-36.

[115] 赵丽芬. 管理学概论 [M]. 上海: 立信会计出版社, 2009.

[116] 赵学珩, 吴粒, 陆小丽. 管理者预算参与行为与管理绩效关系的实证研究——基于态度视角 [J]. 东北大学学报: 社会科学版, 2013, 15 (4): 375-380.

[117] 浙江省绍兴市财政局课题组. 建立预算编制、执行、监督"三权分立"管理模式的研究 [J]. 预算管理与会计, 2010 (4): 34-36.

[118] 郑石桥, 等. 预算管理实证研究 [M]. 大连: 东北财经大学出版社, 2008.

[119] 郑石桥, 王建军. 信息不对称和报酬方案对预算松弛的影响研究 [J]. 会计研究, 2008 (5): 61-68、96.

[120] 周三多, 陈传明, 贾良定. 管理学——原理与方法 [M]. 6版. 上海: 复旦大学出版社, 2014.

[121] 朱荣恩. 建立和完善内部控制的思考 [J]. 会计研究, 2001 (1): 24-31、65.

[122] 邹东涛. 管理学 [M]. 北京: 中共中央党校出版社, 2003.

[123] ABERNETHY M A, BROWNELL P. The role of budgets in organizations facing strategic change: An exploratory study [J]. Accounting, Organizations and Society, 1999, 24 (3): 189-204.

[124] AIKEN L S, WEST S G. Multiple regression: Testing and interpreting interactions [J]. Journal of Operational Research Society, 1991, 45 (1): 119-120.

[125] ALFARAJ H M, QIN S. Operationalising CMMI: Integrating

CMMI and CoBIT perspective [J]. Journal of Engineering, Design and Technology, 2011, 9 (3): 323-335.

[126] ANDERSON S W, LANEN W N. Economic transition, strategy and the evolution of management accounting practices: The case of India [J]. Accounting Organizations and Society, 1999, 24 (5-6): 379-412.

[127] ARGYRIS C. The impact of budget on people [M]. New York: Controllership Foundation, 1952.

[128] ASOGWA I E, ETIM O E. Traditional budgeting in today's business environment [J]. Journal of Applied Finance and Banking, 2017, 7 (3): 111-120.

[129] ATUAHENE-GIMA K. Resolving the capability: Rigidity paradox in new product innovation [J]. Journal of Marketing, 2005, 69 (4): 61-83.

[130] BALIGA B R, JAEGER A M.Multinational corporations: Control systems and delegation issues [J]. Journal of International Business Studies, 1984, 15 (2): 25-40.

[131] BARTLETT C A, GHOSHAL S. Managing across borders: The transnational solution [M]. Boston: Harvard Business School Press, 1989.

[132] BRIERS M, HIRST M. The role of budgetary information in performance evaluation [J]. Accounting, Organizations and Society, 1990, 15 (4): 373-398.

[133] BROWN L J, EVANS J H, MOSER D V. Agency theory and participative budgeting experiments [J]. Journal of Management Accounting Research, 2009, 21 (1): 317-345.

[134] BROWNELL P, MCINNES M. Budgetary pacticipation, motivation, and managerial performance [J]. The Accounting Review, 1986, 61 (4): 587-600.

[135] BROWNELL P. Participation in budgeting, locus of control and organizational effectiveness: A field extension [J]. The Accounting Review, 1981, 56 (4): 844-860.

[136] BROWNELL P, HIRST M. Reliance on accounting information, budgetary participation, and task uncertainty: Tests of a three-way interaction [J]. Journal of Accounting Research, 1986, 24 (2): 241-249.

[137] BRUNS W J, WATERHOUSE J H. Budgetary control and organization structure [J]. Journal of Accounting Research, 1975, 13 (2): 177-203.

[138] CAMERER C, LOVALLO D. Overconfidence and excess entry: An experimental approach [J]. American Economic Association, 1999, 89 (1): 306-318.

[139] CHANDLER A D. The visible hand: the managerial revolution in American business [M]. Cambridge, Mass: The Belknap Press of Harvard University Press, 1977.

[140] CHENHALL R H. Management control systems design within its organizational context: Findings from contingency-based research and directions for the future [J]. Accounting, Organizations and Society, 2003, 28 (2-3): 127-168.

[141] CHENHALL R H, MORRIS D. The impact of structure, environment, and interdependence on the percieved usefulness of management accounting systems [J]. The Accounting Review, 1986, 61 (1): 16-35.

[142] CHONG V K, CHONG K M. Strategic choices, environmental uncertainty and SBU performance: A note on the intervening role of management accounting systems [J]. Accounting and Business Research, 1997, 27 (4): 268-276.

[143] CHUN H, KIM J W, MORCK R, et al. Creative destruction and firm-specific performance heterogeneity [J]. Journal of Financial Economics, 2008, 89 (1): 109-135.

[144] COHEN J, COHEN P, WEST S, et al. Applied multiple regression and correlation analysis for the behavioral sciences [M]. 3rd ed. New Jersey: Lawrence Erlbaum Associates, 2003.

[145] COOPER A C, WOO C Y, DUNKELBERG W C. Entrepreneur-

ship and the Initial size of firms ［J］. Journal of Business Venturing, 1989, 4 （5）: 317-332.

［146］ COVALESKI M A, EVANS III J H, LUFT J, et al. Budgeting research: Three theoretical perspectives and criteria for selective integration ［J］. Journal of Management Accounting Research, 2003, 15 （1）: 3-49.

［147］ DAS T K, TENG B S. Between trust and control: Developing confidence in partner cooperation in alliances ［J］. Academy of Management Review, 1998, 23 （3）: 491-512.

［148］ DOUKAS J A, PETMEZAS D. Acquisitions, overconfident managers and self-attribution bias ［J］. European Financial Management, 2007, 13 （3）: 531-577.

［149］ DOUTHIT J D, STEVENS D E.The robustness of honesty effects on budget proposals when the superior has rejection authority ［J］. The Accounting Review, 2015, 90 （2）: 467-493.

［150］ EISENHARDT K M. Building theories from case study research ［J］. Academy of Management Review, 1989, 14 （4）: 532-550.

［151］ EKHOLM B G, WALLIN J. The impact of uncertainty and strategy on the perceived usefulness of fixed and flexible budgets ［J］. Journal of Business Finance and Accounting, 2011, 38 （1-2）: 145-164.

［152］ FISCHHOFF B, SLOVIE P, LIEHTENSTEIN S. Knowing with certainty: The appropriateness of extreme confidence ［J］. Journal of Experimental Psychology Human Perception and Performance, 1977, 3 （4）: 552-564.

［153］ FROW N, MARGINSON D, OGDEN S. Encouraging strategic behaviour while maintaining management control: Multi-functional project teams, budgets, and the negotiation of shared accountabilities in contemporary enterprises ［J］. Management Accounting Research, 2005, 16 （3）: 269-292.

［154］ GERMAIN C, GATES S R. The impact of strategy on the control "package": Complementarity verus substitution of budgets and hybrid measurement systems ［C］. CAAA Annual Conference 2011, 2011: 1-14.

155

［155］GERVAIS S，ODEAN T. Learning to be overconfident ［J］. Review of Financial Studies，2001，14（1）：1-27.

［156］GIOIA D，CHITTIPEDDI K. Sensemaking and sensegiving in strategic change initiation ［J］. Strategic Management Journal，1991，12（6）：433-448.

［157］GOOLD M，CAMPBELL A.Strategies and styles：The role of the centre in managing diversified corporations ［M］. Oxford：John Wiley and Sons，1989.

［158］GORDON L A，MILLER D. A contingency framework for the design of accounting information systems ［J］. Accounting，Organizations and Society，1976，1（1）：59-69.

［159］GORDON L A，NARAYANAN V K. Management accounting systems，percievd environmental uncertainty and organization structure：An empirical investigation ［J］. Accounting，Organizations and Society，1984，9（1）：33-47.

［160］GOSAIN S.Enterprise information systems as objects and carriers of institutional forces：The new iron cage？［J］. Journal of the Association for Information Systems，2004，5（4）：151-182.

［161］GOVINDARAJAN V J. Appropriateness of accounting data in performance evaluation：An empirical examination of environmental uncertainty as an intervening variable ［J］. Accounting，Organizations and Society，1984，9（2）：125-135.

［162］GUL F A，CHIA Y M. The effects of management accounting systems，perceived environmental uncertainty and decentralization on managerial performance：A test of three-way interaction ［J］. Accounting，Organizations and Society，1994，19（4-5）：413-426.

［163］HAIR J F，RINGLE C M，SARSTEDT M. PLS-SEM：Indeed a silver bullet ［J］. Journal of Marketing Theory and Practice，2011，19（2）：139-152.

［164］HANSEN S C. A theoretical analysis of the impact of adopting rolling budgets, activity-based budgeting and beyond budgeting [J]. European Accounting Review, 2011, 20 (2): 289-319.

[165] HANSEN S C, OTLEY D, Van der STEDE W A. Practice developments in budgeting: An overview and Research perspective [J]. Management Account Research, 2003, 15 (1): 95-116.

[166] HANSEN S C, Van der STEDE W A. Multiple facets of budgeting: An exploratory analysis [J]. Management Accounting Research, 2004, 15 (4): 415-439.

[167] HARRISON G W, LIST J A. Field experiments [J]. Journal of Economic Literature, 2004, 42 (4): 1009-1055.

[168] HAYES A F. Introduction to mediation, moderation, and conditional process analysis: A regression-based approach [J]. Journal of Educational Measurement, 2013, 51 (3): 335-337.

[169] HEINLE M S, ROSS N, SAOUMA R E. A theory of participative budgeting [J]. The Accounting Review, 2014, 89 (3): 1025-1050.

[170] HILL C W L. Corporate control type, strategy, size and financial performance [J]. Journal of Management Studies, 1988, 25 (5): 403-417.

[171] HIRST M K. Task interdependence and some unanswered issues about goal-setting effects [J]. Australian Journal of Management, 1987, 12 (1): 57-68.

[172] HIRST M K, LOWY S M. The linear additive and interactive effects of budgetary goal difficulty and feedback on performance [J]. Accounting, Organizations and Society, 1990, 15 (5): 425-436.

[173] HIRST M K, YETTON P W. The effects of budget goals and task interdependence on the level of and variance in performance: A research note [J]. Accounting, Organizations and Society, 1999, 24 (3): 205-216.

[174] HOPE J, FRASER R. Beyond budgeting: How managers can break free from the annual performance trap [M]. Boston: Harvard Business School Press, 2003.

[175] HORNGREN C T, SUNDEM G L, STRATTON W O, et al. In-

troduction to Management Accounting [M]. 14th ed. Beijing: Beijing University Press, 2010.

[176] JENSEN M C. Paying people to lie: The truth about the budgeting process [J]. European Financial Management, 2003, 9 (3): 379-406.

[177] KAPLAN R S, NORTON D P. Strategic maps: Converting intangible assets into tangible outcomes [M]. Boston: Harvard Business School Press, 2004.

[178] KARAKOC E Y, OZER G.The budget-related antecedents of job performance [J]. International Journal of Research in Business and Social Science, 2016, 5 (3): 38-53.

[179] KIESER A, KUBICEK H. Organisation [M]. Berlin/New York: Walter de Gruyter, 1992.

[180] KUNG F H, HUANG C L, CHENG C L. An examination of the relationships among budget emphasis, budget planning models and performance [J]. Management Decision, 2013, 51 (1): 120-140.

[181] LANDIER A, THESMAR D. Financial contracting with optimistic entrepreneurs [J]. Review of Financial Studies, 2009, 22 (1): 117-150.

[182] LEE A S, BASKERVILLE R L. Generalizing generalizability in information systems research [J]. Information Systems Research, 2003, 14 (3): 221-243.

[183] LIBBY L. The influence of voice and explanation on performance in a participative budgeting setting [J]. Accounting, Organizations and Society, 1999, 24 (2): 125-137.

[184] LIBBY L, LINDSAY R M. Beyond budgeting or budgeting reconsidered? A survey of North-American budgeting practice [J]. Management Accounting Research, 2010, 21 (1): 56-75.

[185] LOUIS M R, SUTTON R I. Switching cognitive gears: From habits of mind to active thinking [J]. Human Relations, 1991, 44 (2): 55-76.

[186] LOWE E A, SHAW R W. An analysis of managerial biasing: Ev-

idence from a company's budgeting process [J]. Journal of Management Studies, 1968, 5 (3): 304-315.

[187] MAITLIS S. The social processes of organizational sensemaking [J]. Academy of Management Journal, 2005, 48 (1): 21-49.

[188] MAITLIS S, LAWRENCE T B. Triggers and enablers of sensegiving in organizations [J]. Academy of Management Journal, 2007, 50 (1): 57-84.

[189] MALMI T, BROWN D A. Management control system as a package-opportunities, challenges and research directions [J]. Management Accounting Research, 2008, 19 (4): 287-300.

[190] MARCH J G, SHAPIRA Z. Managerial perspectives on risk and risk taking [J]. Management Science, 1987, 33 (11): 1404-1418.

[191] MARGINSON D, OGDEN S. Coping with ambiguity through the budget: The positive effects of budgetary targets on managers'budgeting behaviours [J]. Accounting, Organizations and Society, 2005, 30 (5): 435-456.

[192] MARTIGNON L, DECO G, LASKEY K, et al. Neural coding: Higher-order temporal patterns in the neurostatistics of cell assemblies [J]. Neural Computation, 2000, 12 (11): 2621-2653.

[193] MERCHANT K A. Budgeting and the propensity to create budgetary slack [J]. Accounting, Organizations and Society, 1985, 10 (2): 201-210.

[194] MIA L, CHENHALL R H. The usefulness of management accounting systems, functional differentiation and managerial effectiveness [J]. Accounting, Organizations and Society, 1994, 19 (1): 1-13.

[195] MOORE D A, KIM T G. Myopic social prediction and the solo comparison effect [J]. Journal of Personality and Social Psychology, 2003, 85 (6): 1121-1135.

[196] NARANJO-GIL D, MASS V S, HARTMANN F G H. How CFOs determine management accounting innovation: An examination of direct and in-

direct effects [J]. European Accounting Review，2009，18（4）：667-695.

[197] NASSER M，MAH'D O，NIMER K，et al. The impact of managers' related variables and department features on budget characteristics：The case of private Jordanian Universities [J]. International Business Research，2011，4（4）：199-210.

[198] OTLEY D. Performance management：A framework for management control systems research [J]. Management Accounting Research，1999，10（4）：363-382.

[199] OUCHI W G.A Conceptual framework for the design of organizational control mechanisms [J]. Management Science，1979，25（9）：833-848.

[200] PARKER R J，KYJ L. Vertical information sharing in the budgeting process [J]. Accounting，Organizations and Society，2006，31（1）：27-45.

[201] RANKIN F W，SCHWARTZ S T，YOUNG R A. The effect of honesty and superior authority on budget proposals [J]. The Accounting Review，2008，83（4）：1083-1099.

[202] ROGERS E M. Diffusion of innovations [M]. 4th ed. New York：The Free Press，1995.

[203] RUMELT R P，SCHENDEL D E. Fundamental issues in strategy：A research agenda [M]. Boston：Harvard Business School Press，1995.

[204] SCHRAND C M，ZECHMAN S L C. Executive overconfidence and the slippery slope to financial misreporting [J]. Journal of Accounting and Economics，2012，53（1-2）：311-329.

[205] SHARMA D S. The differential effect of environmental dimensionality，size，and structure on budget system characteristics in hotels [J]. Management Accounting Research，2002，13（1）：101-130.

[206] SHIELDS J F，SHIELDS M D. Antecedents of participative budgeting [J]. Accounting，Organizations and Society，1998，23（1）：49-76.

[207] SIMONS R. The role of management control systems in creating competitive advantage：New perspectives [J]. Accounting，Organizations

and Society, 1990, 15 (1-2): 127-143.

[208] SWENSON D. The benefits of activity-based cost management to the manufacturing industry [J]. Journal of Management Accounting Research, 1995, 7: 167-180.

[209] TORNATZKY L G, FLEISCHER M. The processes of technological innovation [M]. Lexington: Lexington Books, 1990.

[210] UENO S, SEKARAN U. The influence of culture on budget control practices in the USA and Japan: An empirical study [J]. Journal of International Business Studies, 1992, 23 (4): 659-674.

[211] USMAN E, USMAN A, SUGIANTO. Leadership styles in budgeting participation to support managerial performance [J]. International Journal of Organizational Innovation, 2016, 8 (4): 251-259.

[212] Van der STEDE W A. Measuring "tight budgetary control" [J]. Management Accounting Research, 2001, 12 (1): 119-137.

[213] Van der STEDE W A. The relationship between two consequences of budgetary controls: Budgetary slack creation and managerial short-term orientation [J]. Accounting, Organizations and Society, 2000, 25 (6): 609-622.

[214] VAN FENEMA P C, KOPPIUS VAN BAALEN. Implementing packaged enterprise software in multi-site firms: Intensification of organizing and learning [J]. European Journal of Information Systems, 2007, 16 (5): 584-598.

[215] VAN LOOY A, DE BACKER M, POELS G. Defining business process maturity: A journey towards excellence [J]. Total Quality Management and Business Excellence, 2011, 22 (11): 1119-1137.

[216] VENKATESH R, BLASKOVICH J. The mediating effect of psychological capital on the budget participation – Job performance relationship [J]. Journal of Management Accounting Research, 2012, 24 (1): 159-175.

[217] WALSHAM G. Doing interpretive research [J]. European Journal of Information Systems, 2006, 15 (3): 320-330.

161

［218］ WEICK K E. Sensemaking in organizations ［M］. Thousand Oaks: Sage Publications, 1995.

［219］ WEICK K E, SUTCLIFFE K M, OBSTFELD D. Organizing and the process of sensemaking ［J］. Organization Science, 2005, 16 (4): 409-421.

［220］ WEINSTEIN N D. Unrealistic optimism about future life events ［J］. Journal of Personality and Social Psychology, 1980, 39 (5): 806-820.

［221］ YOUNG S M, SHIELDS M D. Antecedents and consequences of participative budgeting: Evidence on the effects of asymmetrical ［J］. Journal of Management Accounting Research, 1993 (5): 265-280.